Welterbe Wartburg
Porträt einer Tausendjährigen

Welterbe Wartburg
Porträt einer Tausendjährigen

Herausgegeben von der Wartburg-Siftung

Text Jutta Krauß – Fotografien Ulrich Kneise

SCHNELL + STEINER

Ulrich Kneise fotografierte mit Schneider-Objektiven an der Linhof-Technikardan.
Das Licht setzte er mit dedolights.

Bibliografische Information der Deutschen Nationalbibliothek:
Die Deutsche Nationalbibliothek verzeichnet diese Publikation in der Deutschen Nationalbibliografie;
detaillierte bibliografische Daten sind im Internet über http://dnb.dnb.de abrufbar.

3., aktualisierte Auflage 2016
© 2016 Verlag Schnell & Steiner GmbH, Leibnizstr. 13, D-93055 Regensburg
Umschlaggestaltung: Ideenwert, Eisenach
Satz: typegerecht, Berlin
Druck: www.schreckhase.de
ISBN 978-3-7954-3186-0

Alle Rechte vorbehalten. Ohne ausdrückliche Genehmigung des Verlages ist es nicht gestattet,
dieses Buch oder Teile daraus auf fotomechanischem oder elektronischem Weg zu vervielfältigen.

Weitere Informationen zum Verlagsprogramm erhalten Sie unter: www.schnell-und-steiner.de

Inhalt

Geleit 7

I. Die mittelalterliche Wartburg 9

II. Auf dem Weg zum Sinnbild der Nation 23

III. Das Nationaldenkmal 31

IV. Grenzwarte und Einheitssymbol 37

Bildteil 41

Literatur 173

Bildnachweis 174

Geleit

Aus welcher Himmelsrichtung auch immer der Reisende sich dem thüringischen Eisenach nähert, zuerst und meist überraschend erscheint vor seinen Augen sein Wahrzeichen: die Wartburg. Majestätisch ragten Türme und Mauern auf der Felsenhöhe empor, lange bevor sich in ihrem Schutz und Schatten die kleine Siedlung Isenaha zur Stadt entwickelte.

Der heutige Betrachter möchte den mittelalterlichen Erbauern ein feines ästhetisches Gespür zusprechen, dass sie gerade diesen Gipfel wählten, um ihn mit steinerner Krone zu adeln. Und er ist weiterhin geneigt zu glauben, jener Schöngeist habe sein Werk begleitet, bewahrt und gesegnet mit Idealen aus allen zehn Jahrhunderten, die an ihm vorüberzogen.

Verfolgt man den Werdegang der Burg von ihren Anfängen bis zur Gegenwart mit den Augen des Historikers, so verflechten sich immer wieder geschichtliche Ereignisse und Personen mit schmückenden Sagen und Legenden. Was bleibt, ist eine beispiellose Aufeinanderfolge von nationalen und kulturellen Denkwürdigkeiten. Betrachtet man die Architektur mit den Augen des Bauforschers, dann ist es weniger die mittelalterliche Burg, die die meisten gern ihr sehen möchten, sondern es erschließt sich vielmehr ein Ensemble, an dem fast alle Zeiten mehr oder minder kreativ mitwirkten und zum Teil einmalige Leistungen hervorbrachten.

Unsere heutige Sicht prägte vor allem prägte das 19. Jahrhundert und seine Romantik, die Wahres und Phantasie, Bauwerk und Natur so aufeinander bezog, dass die Wartburg zur bekanntesten und beliebtesten Burg der Deutschen aufrückte. Im vorliegenden Bildband überreicht sie dem Interessenten ihre facettenreiche Visitenkarte.

Günter Schuchardt, Burghauptmann

I Die mittelalterliche Wartburg

Wart' Berg, du sollst mir eine Burg werden – die Gründungssage und ihr geschichtlicher Hintergrund

Es war Graf Ludwig, zubenamt der Springer, ein mächtiger Herr in Thüringen. Als derselbe einstmals am Inselberge jagte, traf er auf einen Hirsch, den er eifrig verfolgte bis an das Flüsschen Hörsel bei Nieder-Eisenach und von dort bis an den Berg, darauf jetzt die Wartburg steht. Hier wartete er, wo das Wild aus dem Walde lief, betrachtete derweil die schöne Gegend, vornehmlich den steilen Felsenberg, und dachte bei sich: Wart' Berg, du sollst mir eine Burg werden. So in großer Lust zum Bau sann er bald nach Mitteln und Wegen, denn Berg und Flur gehörten den Edlen von Frankenstein, die in der Nähe schon Burg Mittelstein und jenseits des Waldes bei Salzungen über der Werra ihr Stammschloss besaßen. Bald rief der Graf zwölf tapfere Ritter zu sich, um heimlich zu beraten, wie er den Berg an sich brächte. Man kam überein, dass des Nachts von der Schauenburg, die dem Grafen eigen war, Erde in Körben auf den Wartberg getragen und ausgestreut werde, was so geschah. Darauf schlug der Graf dann zwei Burgfriede auf, hinter denen er sich gegen die rechtmäßigen Eigentümer des Landes verteidigen wollte. Da die Herren von Mittel- und Frankenstein dem Grafen auf seiner Felsenveste nichts anhaben konnten, verklagten sie ihn bei Kaiser und Reich, dass er sich des Ihrigen mit Gewalt freventlich anmaße. Aber auf des Reiches Fragen entgegnete Ludwig, er habe die Burg auf das Seine gebaut und wolle sie auch nach Urteil und Recht wohl behalten. Darauf wurde bestimmt, wenn er mit zwölf redlichen Männern beweisen und mit leiblichem Eid beschwören könne, dass es sein eigenes Land wäre, worauf er gebaut, solle es also sein. Da erkor der Graf seine zwölf Ritter zu Eideshelfern und trat mit ihnen auf den Berg, wo sie ihre Schwerter in die zuvor hinaufgetragene Erde steckten und schworen, dass ihr Herr auf dem Seinen stünde und dieser Boden schon von alters her zum Lande und zur Herrschaft von Thüringen gehört habe. So behielt Ludwig den Berg und so ward die Wartburg gebaut und das jetzige Eisenach begründet und mit Mauern umgeben.

Wie es Anfang des 19. Jahrhunderts der Meininger Sagensammler und Märchendichter Ludwig Bechstein formulierte, stellt die weithin bekannte Wartburg demnach eine Raubgründung per excellence dar – sie ist für solche Überlieferungen aber geradezu prototypisch. Aus der Luft gegriffen hat Bechstein seine Geschichte natürlich nicht. Vielmehr konnte er sich auf mittelalterliche Quellen berufen, zuvörderst auf den um 1420 schreibenden Eisenacher Chronisten Johannes Rothe, der Ludwig »einen Bergfried vorn, den anderen hinten und mittendrin die husung« aufschlagen ließ, das Geschehen sogar auf »nach Christus gebort tußend 67 jar« datierte und damit späteren Burgjubiläen in die Hände arbeitete. Noch älter, allerdings ohne alle schmückenden Zutaten oder Hinweise auf die bedenkliche Rechtslage, ist die Nachricht in der

Die Gründung der Wartburg, Fresko von Moritz von Schwind, 1854

Reinhardsbrunner Chronik, entstanden etwa Mitte des 14. Jahrhunderts. Dort heißt es nur lakonisch »comes vero Ludovicus castrum inexpugnabile Wartberg prope Ysenach... erexit« – d. h. Graf Ludwig errichtete eine Burg auf dem uneinnehmbaren Berg bei Eisenach.

Rein strategisch muss sich der Ort für einen Burgenbau förmlich angeboten haben, und so verwundert es wenig, dass die erste literarische Erwähnung der Wartburg im Zusammenhang mit einer militärischen Aktion daherkommt: Nach seiner Kampfesniederlage bei Flarchheim im Januar 1080 gedachte das königliche Heer »ermattet bei einer Burg Namens Wartberg« auszuruhen, als es gerade von dort aus überraschend angegriffen und wiederum in die Flucht geschlagen wurde. Das Buch vom Krieg der Sachsen gegen König Heinrich IV., verfasst ums Jahr 1080 von dem Merseburger Kleriker Bruno, unterstützt nicht nur Rothes Datierung, sondern führt sogleich mitten hinein in eine konfliktbeladene Zeit, in der König, Landesherren und Papst ihre Kräfte maßen. Bekannt geworden sind vor allem der Investiturstreit, des Königs Exkommunikation durch Gregor VII. und sein ins Sprichwort gegossener Gang nach Canossa. Auf den zweiten Blick offenbart sich in der genannten Episode die schwächelnde Zentralgewalt gegenüber erstarkenden Fürsten, was für den eben einsetzenden Landesausbau nicht unerheblich gewesen ist und dann auch auf Dauer den Lauf deutscher Geschichte bestimmen sollte.

Gewiss zog Graf Ludwig aus den politischen Wirrnissen Gewinn. Wie in der Sage richtig wiedergegeben, hatte sich seine Familie bereits das Siedlungsgebiet um Friedrichroda mit der nicht allzu weit entfernten, heute kaum noch auszumachenden Schauenburg gesichert. Deren Gründung ging auf seinen Vater oder Großvater Ludwig den Bärtigen zurück. Ursprünglich ansässig am mittleren Main erhielt dieser vom Mainzer Erzbischof Bardo ein Lehen nördlich des Thüringer Waldes, wo er um 1040 Fuß fasste und es laut der nicht immer glaubwürdigen Aufzeichnungen aus Reinhardsbrunn verstand, seine Position durch Heirat zu festigen. Ehrgeiziger und erfolgreicher noch scheint sein gleichnamiger Nachkomme gewesen zu sein. Nach Inbesitznahme und Befestigung des Wartberges stiftete er 1085 mit der Benediktinerabtei Reinhardsbrunn ein eigenes Hauskloster, was auf hochfliegende Pläne schließen ließ, und krönte um 1100 den erheirateten Besitz an der Unstrut durch den Bau der mächtigen Neuenburg über dem heutigen Weinstädtchen Freyburg.

Vor allem Heirat, zuweilen Landraub oder auch Mord waren durchaus gängige Mittel auf dem Wege zur Macht. Eine Bluttat wurde Ludwig, der die Witwe des getöteten Pfalzgrafen Friedrich von Goseck ehelichte, jedoch zu Unrecht angedichtet. Die Sage erklärte dann auf ihre Weise sogleich den Namenszusatz »der Springer«: Für das Verbrechen auf dem Giebichenstein bei Halle gefangengesetzt, soll sich der Graf durch kühnen Sprung aus dem Fenster des Verlieses in die Fluten der Saale befreit haben. Obwohl einige historische Versatzstücke stimmen, liegt dem fraglichen Beinamen allerdings die Fehlinterpretation des aus Franken stammenden »Saliers« zugrunde, der latinisiert zum »Saltator« und rückübersetzt zum »Springer« wurde. Dass Graf Ludwig aus Gottesfurcht und Reue besagtes Kloster gründete, wo er im Alter selbst eintrat und als hochbetagter Mönch starb, machte denn die volkstümliche Überlieferung rund. Mit seiner Lebensleistung hatte er jedoch die Keimzellen der späteren Landgrafschaft Thüringen geschaffen, und auf dieser Basis gelang seiner Dynastie, von der Geschichtsschreibung wegen des immer gleichen Namens der Erstgeborenen als die Ludowinger bezeichnet, eine bemerkenswert steile Karriere.

Eines der Zeugnisse dafür bietet zweifellos die Wartburg, auch wenn von der ursprünglichen Anlage nur ganz geringe Spuren künden – im Gegensatz zum weitgehend rekonstruierbaren ältesten Zustand der Neuenburg. Deren Name verdankte sich wohl den schon bestehenden ludowingischen Vesten, während die Benennung »Wartburg« ganz sicher nicht aus dem kreativen Wortspiel der Sage hervorgegangen ist, sondern viel eher auf eine frühere Warte, d. h. auf einen Beobachtungsposten oder Turm hindeutet. Nach Rothe, der womöglich noch über später verlorene Kenntnis verfügte, ließ Graf Ludwig zwei Bergfriede und dazwischen ein Haus aufschlagen. Diese offenbar hölzerne Befestigung muss bald Steinbauten gewichen sein, wobei Gestalt und Dimension kaum mehr zu klären sind. Andererseits erzwang die Topografie des Berges ein zu umfriedendes Baugelände, das kaum kleiner gewesen sein dürfte als die heutige Burg und somit auch den Überfall auf die Königstruppen ermöglichen konnte. Der Aspekt der Uneinnehmbarkeit des Ortes hat zweifellos eine wichtige Rolle gespielt. Allerdings sind die strategischen Vorteile einer Höhenburg im Überschwang der Ritterromantik im 19. Jahrhundert gern überschätzt worden. Wirksame Kontroll- oder gar Sperrfunktionen wichtiger Handels- und Heerstraßen wie der nahe gelegenen Via regia wären von der Wartburg aus schwierig, wenn nicht gar unmöglich gewesen. Zwar gestattete ihre exponierte Lage den weiten Ausblick ins Land, doch lag der praktische Nutzen weniger im Sehen als im psychologischen Effekt des Gesehenwerdens. Dem Erbauer ging es vor allem um eine Art regionaler Omnipräsenz, um ein beeindruckendes und Respekt gebietendes Zeichen seiner Herrschaft, das nicht feindliche Angriffslust schüren, sondern vielmehr einschüchtern und abschrecken sollte.

Anfang und Aufstieg der Thüringer Landgrafen

Aus genau diesem Grunde weithin sichtbarer Machtdemonstration entstanden Türme und Palas der Wartburg. Zunächst aber hatten sich die Ludowinger im zähen Ringen um Stellung und Vorherrschaft mit anderen, einheimischen Adelsgeschlechtern zu behaupten. Während des Springers Töchter in thüringische Grafenfamilien einheirateten und auf diese Weise den territorialen Einfluss stärkten, fielen dem ältesten Sohn Ludwig und seinem Bruder Heinrich Raspe durch ihre Ehefrauen aus dem Geschlecht der Gisonen erst umfangreiche Güter und schließlich deren gesamtes Erbe in Hessen zu. Auf der politischen Bühne verteidigten beide schon zu Lebzeiten des Vaters die ludowingischen Interessen gegen die Reichsansprüche Heinrichs V.; ihre mutmaßliche Beihilfe zur Wahl des Oppositionskönigs Lothar von Supplinburg zahlte sich mit Ludwigs Erhebung in den Reichsfürstenstand aus: Um 1130 erhielt er die Würde eines Landgrafen von Thüringen zuerkannt. Der hier neugeschaffene Titel, vergleichbar dem eines Herzogs oder Markgrafen, hob den Träger über die zahlreichen thüringischen Adelsherren hinaus, bedeutete aber nicht deren uneingeschränkte Beherrschung. Dafür erschloss der reichsfürstliche

Anfang und Aufstieg der Thüringer Landgrafen 11

Grabplatte von Ludwig dem Springer mit Modell der Stiftskirche Reinhardsbrunn und dem ludowingischen Wappenschild, Anfang 14. Jahrhundert

Grabplatte von Ludwig II. (des Eisernen), Anfang 14. Jahrhundert

Grabplatte von Ludwig III. mit der Jacobsmuschel als Pilgerzeichen und dem Reichsadler auf dem Wappenschild, Anfang 14. Jahrhundert

Status den Zugang zum europäischen Hochadel, wovon dann Ludwig II. profitierte. Um 1150 vermählte er sich mit Jutta, Nichte des ihm wohlgesonnenen Stauferkönigs Konrad III. und Schwester des Schwabenherzogs Friedrich Barbarossa. Nachdem dieser 1152 zum deutschen König und drei Jahre später im Aachener Münster zum Kaiser des Heiligen Römischen Reiches gekrönt worden war, gehörte der ludowingische Schwager zu seinen treuesten Weggefährten.

Die Nähe zu den Staufern mag für den Ausbau der Thüringer Landesherrschaft, gewiss auch für die kulturelle Entwicklung an ihrem Hof entscheidende Impulse gegeben haben. Mittlerweile gebot Ludwig II., den man »den Eisernen« nannte, über ausgedehnten Güterbesitz im nord-, west- und osthüringischen Raum, über beachtliche Gebiete im westlichen und nördlichen Hessen mit den Zentren Marburg und Kassel als Stützpunkte gegen den Mainzer Erzbischof sowie Exklaven an Mittelrhein, Lahn, Sieg und entlang von Saale und Unstrut und – zumindest zeitweilig – auch umfangreiche niedersächsische Landstriche um Göttingen und Duderstadt. Wenigstens 30 Städte innerhalb dieser Territorien sind ludowingische Gründungen; zu den ältesten gehören Kassel, Hannoversch Münden, Creuzburg, Breitungen an der Werra, Schmalkalden, Gotha und Eisenach.

Unter den Klöstern behielten die Benediktiner von Reinhardsbrunn, denen nun die Schauenburg übereignet worden war, ihre Vorzugsstellung als geistig-religiöses Herzstück und Grablege. Auch die Anzahl der landgräflichen Burgen verdoppelte sich unter Ludwig II. Gegen Ende der 1160er Jahre entstand auf halben Wege zwischen Wartburg und Neuenburg die Burg Weißensee, die einst vom Kaiser geschenkte Eckartsburg wurde ausgebaut, um 1170 die nahegelegene Creuzburg erworben, um nur einige zu nennen. Auf der Burg über Gotha, namentlich als »Grimmenstein« erst später erwähnt, stellte Ludwig II. 1168 die älteste Urkunde der Ludowinger aus. Neuerburg und Altenwied am

Am sog. Eifersuchtskapitell aus dem 12. Jahrhundert, Beispiel der eher selteneren weltlichen Motive im Repertoire des Palas, attackiert die vom Dämon besessene Gestalt ein Liebespaar.

Mittelrhein gingen zwar der folgenden Generation wieder verloren, Ludwigs rege Bautätigkeit lässt sich aber auch beim Marburger Landgrafenschloss nachweisen. Der darunter liegende Ort partizipierte zweifellos daran, erlangte seine größte Bedeutung jedoch erst im 13. Jahrhundert. Anders Eisenach, das sich unter Ludwigs Ägide vom kleinen Marktflecken zur modernen Stadt wandelte. Mit dem dort – zusätzlich zum Hauptsitz Wartburg – geschaffenen Landgrafenhof, dem sogenannten Steinhof südlich der Georgenkirche, mit weiteren Kirchen und Klöstern, Mauern und Stadttoren hätte es als eine Art ludowingische Metropole gelten können, würde dies der Zeit üblicher Reiseherrschaften nicht voraus geeilt sein.

Ohne Zweifel erwies sich Ludwig der Eiserne als der bedeutendste Bauherr unter den Ludowingern. Besonders augenfällig offenbarte er seine Passion an der Wartburg. Innerhalb des Streubesitzes zwischen Rhein und Saale mittig gelegen, wuchs auf der anfangs wohl schlichten Grenzfeste ein Prachtbau, der jedem Kaiser zur Ehre gereicht haben würde. Tatsächlich vermutet die jüngste Bauforschung das ursprüngliche Vorbild für den repräsentativen Wartburgpalas in Maxentius' damals noch weitgehend intakten »Domus Severiana« auf dem Palatin in Rom. Kaiserarchitektur über Eisenach? Viele Details sprechen dafür, dass an diesem Projekt etwa vier Jahre lang festgehalten wurde. Es ist denkbar, dass Ludwig damit entschieden zu weit vorgeprescht und »vom Reich« in die Schranken gewiesen worden ist. Eine lang umrätselte Baufuge an der Westfassade zeugt jedenfalls von plötzlichem Planwechsel: Statt der vorgesehenen, eine offene Terrasse flankierenden Risaliten, was den römischen Kaiserpalast zitiert hätte, »begradigte« man den zuvor achteckigen Grundriss nun durch Vorblendung einer reich gegliederten Arkadenwand. Der Mitte der 1150er Jahre begonnene Repräsentationsbau war nach etwa anderthalb Jahrzehnten vollendet. Eigentlich vereinte er mit komfortabler Wohnetage und darüber liegenden Saal alle wesentlichen Funktionen unter einem Dach, so dass die bald anschließende dritte Bauphase kaum etwas anderes gewesen sein kann als bloßes Konkurrenzgebaren, vielleicht zum gleichzeitig entstandenen Palast des Kölner Erzbischofs Reinhard von Dassel oder zum Saalbau Herzog Heinrichs des Löwen in Braunschweig. Um 1170 war das dritte Obergeschoss und mit ihm ein Festsaal von circa 325 Quadratmetern fertiggestellt. Über seine Gestaltung ist wenig bekannt, übrig geblieben nur die innere Arkadenwand des – wie auch in den unteren Etagen – westlich vorgelagerten Laubenganges mit vielen von Kapitellen gekrönten, polierten Kalksintersäulen. Da sich der Haupteingang in der Mitte befindet, betrat man ursprünglich wohl einen Quersaal von höchst beeindruckenden Ausmaßen.

Mit dem Wartburgpalas hatte Ludwig II. ein Vorbild geschaffen, das seinerseits für viele Burgen der Stauferzeit richtungsweisend wurde. Auch heute, wo man an Superlative gewöhnt ist, imponieren noch seine Dimensionen, sprechen Auswahl und Bearbeitung des Baumaterials – trotz des unmittelbar vor Ort verfügbaren Konglomeratgesteins der wertvollere Rhätsandstein aus entfernteren Brüchen um Eisenach sowie marmorähnlicher Kalksinter aus antiken Wasserleitungen in der Eifel – für kostspielige Extravaganz. Mit etwa 170 Kapitellen ließ Ludwig einst Fassaden und Innenräume schmücken; die zum Teil noch in situ erhaltenen Stücke sind wahre Meisterwerke. Motive, Formensprache und künstlerische Handschrift weisen auf eine enge Verwandtschaft mit Bauten am Niederrhein, so etwa auf die Schwarzrheindorfer Doppelkapelle bei Bonn oder die Stiftskirche St. Servatius in Maastricht. Ausgehend von vielfältigen ludowingischen Bezügen in diese Gegend brachten die ersten, sicher dort beheimateten Steinmetzen ihr Können nach Thüringen, wo es sich dann aber zu einem recht eigenständigen »Wartburgstil« entwickelte, der auch im Innern der zeitgleich entstandenen Eisenacher Nikolaikirche anzutreffen ist. Die sakralen und imperialen Bildtraditionen entlehnten Sujets bestätigen den Anspruch des fürstlichen Bauherrn: Er hielt seine Herrschaft für gottgegeben und so unantastbar wie die der christlichen Kirche und des Reiches. Dafür spricht zum Beispiel auch der Löwe als Wappentier der Ludowinger. Zurückzuführen wohl auf die königliche Herkunft der Stauferin Jutta, fand es zunehmend Verwendung auf ludowingischen Münzen und Siegeln und ziert bis heute die Wappen der Bundesländer Thüringen und Hessen. Besonders variantenreich an den Wartburgkapitellen anzutreffen ist der Adler – auch er ein christlich-königliches Sinnbild.

Überhaupt lässt sich der gesamte Palas als Statussymbol interpretieren. Weit über den Grat des natürlich gegebenen Baugrunds hinausgeschoben, auf meterhohem Unterbau ruhend, scheint die dreigeschossige Fassade unmittelbar aus dem steilen Osthang emporzuwachsen. Der mächtige Sockel besitzt über einer Reihe von Schießscharten nur kleine, schmale Fenster, bevor sich Baumasse endlich in weiten Blendbögen und Arkaden öffnet. Ursprünglich verputzt, das oberste Geschoss dabei rot gefärbt, muss das Bauwerk einen ganz anderen Eindruck gemacht haben als in seiner Steinsichtigkeit, die erst seit dem 19. Jahrhundert unsere Sehgewohnheit prägt. Was für ein Anblick für den mittelalterlichen Betrachter im Tal! Offenbart vor allem die Ostseite den Wehrcharakter, macht die hofwärts gekehrte Westfassade alle burgenhafte Enge vergessen. Mit ihren lichtdurchfluteten Wandelgängen und säulenreichen Arkadenreihen verbreitet sie ein geradezu südländisches Flair, inspiriert von römischer Baukunst bei damals, wie für Mitteldeutschland vermutet, höheren Temperaturen. Späteren Wartburgbewohnern war der Schutz vor heftigen Herbst- und Winterstürmen dann auch wichtiger als wetterwidrige Eleganz; bereits im 14. Jahrhundert wurden alle Arkaden zugemauert. Seiner Zierde beraubt galt der Palas nun zwar bis ins 19. Jahrhundert hinein als geschmackloser, steinerner Kasten, hat aber gerade dadurch die besten Überlebenschancen gehabt. In der deutschen Burgenarchitektur steht er weithin als Ausnahmeerscheinung.

Miniatur aus der Großen Heidelberger Liederhandschrift, um 1300/40; dargestellt sind Landgraf Hermann I. und seine Ehefrau Sophie sowie die am Wettstreit beteiligten Sänger und Meister Klingsor aus Ungarn.

Heinrich von Veldeke, Miniatur aus der Großen Heidelberger Liederhandschrift, um 1300/40

Wer ohrenkrank und nervenschwach, der meid' den Hof zu Eisenach – Der Sängerkrieg auf der Wartburg, Hermanns Musenhof und die deutsche Nationalliteratur

Als Ausnahme unter seinesgleichen kann auch die Literaturbegeisterung des Landgrafen Hermann I. bezeichnet werden. Einst, so heißt es in der Sage, trafen sich am Landgrafenhof sechs Sänger, um dem hohen Herrn ihre Künste vorzuführen – Heinrich der tugendhafte Schreiber, Reinmar der Alte, Biterolf, Wolfram von Eschenbach, Walther von der Vogelweide und Heinrich von Ofterdingen. In schillernden Versen warben sie um die Gunst des Fürsten, priesen ihn und seine Freigiebigkeit. Nur einer, der Ofterdinger, stellte über den Thüringer Herrscher Hermann seinen eigenen Herrn, den Herzog von Österreich. Alsbald sollte sich zeigen, dass er mit einem gefälligeren Lied besser beraten gewesen wäre. Sein Vortrag galt als der schlechteste, er selbst als Verlierer des Wettsingens und sollte gemäß vorheriger Absprache nun an den Eisenacher Henker, Meister Stempfel, übergeben werden. Mitleid hatte nur die gütige Landgräfin Sophie, deren Beistand sich Ofterdingen erbat, um den Magier Klingsor aus Ungarn herbeiholen zu dürfen; dem Urteil des Unparteiischen wolle er sich gern unterwerfen. So geschah es, dass man nach Jahresfrist erneut auf der Wartburg zusammentrat, wo wiederum der Streit entbrannte und – zwar ohne Deutlichkeit von Sieg und Niederlage – für den kühnen Sänger gänzlich unblutig ausging.

Die hier arg gestutzte Version vom Sängerkrieg geisterte jahrhundertelang durch die Literatur, bevor Richard Wagner den Stoff in seiner romantischen Oper vom Tannhäuser verarbeitete und damit »den Schauplatz« Wartburg bald weltweit bekannt machte. Etwa zur gleichen Zeit, da das Werk die Bühnen eroberte, hatte Moritz von Schwind die Bechstein'sche Fassung des vermeintlichen Ereignisses an die Wand gemalt und der Wartburg so den »authentischen« Sängersaal kreiert – selbstverständlich ohne Wagners Titelfigur, die in der mittelalterlichen Story gar nicht vorkommt, vom Komponisten aber mit Ofterdingen gleichgesetzt

Detail der ältesten profanen Wandmalerei zu Hartmann von Aues Iwein-Epos in der landgräflichen Vogtei (Hessenhof) in Schmalkalden, frühes 13. Jh.

worden war. Die Burgführer waren wenig angetan von der immer wiederkehrenden Publikumsfrage, wo im Bild denn nun der Tannhäuser zu finden sei. Der Wagner'schen Geschichtsklitterei gänzlich abgeneigt, wies ein besonders Gewitzter auf den vorm Landgrafenpaar Knienden und erklärte stoisch: »Dieser Ritter ist für den Berliner der Tannhäuser, für den Gebildeten ist es Heinrich von Ofterdingen.« Sein Kunstgriff soll sehr erfolgreich gewesen sein.

Dass ein derartiger Sängerkrieg, in dem es um Leben und Tod ging, jemals stattgefunden hat, darf getrost bezweifelt werden. Auch er beruht auf dichterischer Freiheit, wenngleich der anonyme Verfasser noch dem 13. Jahrhundert angehörte und das zitierte Personal – außer dem literarisch nicht fassbaren Ofterdingen – auf historische Vorbilder zurückzuführen ist. Die gesamte Dichtung, schließlich »Wartburgkrieg« genannt, setzt sich aus inhaltlich verschiedenen Teilen zusammen, die unabhängig voneinander zwischen 1230 und 1270 entstanden und auf die Nachwelt bleibende Anziehungskraft ausübten. Den geschichtlichen Hintergrund freilich bildete der Musenhof des Landgrafen Hermann. Für ein Vierteljahrhundert etablierte er im deutschsprachigen Raum eine Art Zentrum der höfischen Hochkultur und galt als ihr bedeutendster Förderer. Nachdem seine Vorgänger in zurückliegenden Jahrzehnten die Stellung im Reich hatten festigen können, vermochte sich der Ludowinger nun scheinbar vermehrt schöngeistigen Dingen zuzuwenden. Am Anfang der neuen Leidenschaft stand jedenfalls ein bezeichnender Diebstahl: Vermutlich auf der Hochzeit Ludwigs III. mit Margarethe von Kleve im März 1174 bemächtigte sich Heinrich, Bruder des Bräutigams, heimlich eines noch unvollendeten Versromans – der »Eneide«. Er war der Braut geliehen worden, um den Festgästen daraus vorzulesen. Sein Autor, der Lothringer Heinrich von Veldeke, begegnete der vermissten Handschrift erst nach neun Jahren auf der landgräflichen Neuenburg wieder. Hier reichte sie ihm Hermann, zu diesem Zeitpunkt noch Pfalzgraf von Sachsen, und bat den Dichter um Vollendung des Eneasromans. Über die abenteuerliche Entstehungsgeschichte des Werkes berichtete der Nachwelt ein von späterer Hand stammender Epilog, der auch eine recht präzise Datierung zuließ. Demnach blieb der Lothringer am Hofe des Thüringers, den er zu seinen Gönnern zählte, schrieb das Buch zu Ende und pflanzte als der eigentliche Stammvater der höfischen Epik »das erste ris in tiutscher zungen«. Gestorben ist er wohl noch vor 1190 auf der Neuenburg.

In diesem Jahr kam Ludwig III. im Kreuzzug ums Leben, sein Bruder Hermann wurde Landgraf. Den Verlust des Dichters vom Niederrhein wusste er bald wettzumachen, indem er andere Schützlinge zu sich rief. Zu den Berühmtheiten zählten der brillante deutschsprachige Erzähler Wolfram von Eschenbach und Walther von der Vogelweide, der bedeutendste Poet seiner Zeit. Über das Leben der fahrenden Sänger weiß man wenig. Das Städtchen Wolframs-Eschenbach im Fränkischen stellt sich mit seinem Dichterdenkmal wohl zu Recht als Stammort dar, aber schon die Ausbildung des angeblichen »Analphabeten«, der doch über umfassendes Wissen verfügte und wohl des Lateinischen und Französischen mächtig war, liegt völlig im Dunkeln. Bei Walther lässt bereits der Beiname kaum biografische Schlüsse zu; »Vogelweiden«, wo man Falken für die Jagd hielt, gab es viele. Dass er »in Österreich singen und sagen« gelernt haben will, könnte auf den Wiener Hof der Babenberger hinweisen. Aus beider Werken erschließen sich jedoch Details ihres Aufenthalts in Thüringen, an dessen Höfen sie Hermanns Förderung genossen. Dessen bedürftig waren sie zweifellos, denn Walther beklagte bitter sein armes Wanderleben, bevor ihm Kaiser Friedrich II. um 1220 endlich das kleine, heißersehnte Lehensgut gewährte. Ähnlich dürfte es dem Ministerialen Wolfram gegangen sein, wenn er von seinem Haushalt sagte, dass darin selbst die Mäuse selten Futter fänden. Sein Hauptwerk, die Artusdichtung »Parzival«, vollendete er womöglich mit des Landgrafen Unterstützung, der »Willehalm« war nachweisliches Auftragswerk Hermanns, der ihm, wie es im Prolog heißt, die französische Vorlage in die Hand gab. In den Romangestalten des Werkes – der Heidin Gyburg, die sich aus Liebe zu ihrem Gemahl Willehalm zum Christentum bekehrt – scheinen sich Züge der ihm vermutlich gut bekannten Elisabeth und des ihr innig zugeneigten Gatten Ludwig IV. widerzuspiegeln. Auch der Dreibock wird im Roman erwähnt, eine Belagerungsmaschine, die Kaiser Otto IV. 1212, vielleicht das erste Mal auf deutschem Boden, gegen Hermann I. einsetzte. Überhaupt kommen in den Dichtungen mehrfach historisch gesicherte Ereignisse zu Wort, vor allem aber schildern sie Leben und Treiben am Landgrafenhof. Obwohl Hermanns Gastfreundschaft und die offene Hand des Fürsten gepriesen, der Mäzen als »Thüringens Blume« gewürdigt wird, die sommers wie winters ihre Blüten treibt, muss er sich auch manche Schelte gefallen lassen. So beklagt Walther die lärmende Hofgesellschaft, deren Kunstsinnigkeit durchaus fragwürdig erscheint:

Wenn einer ohrenkrank ist oder nervenschwach
  der meide, rat ich sehr, den hof zu eisenach
  sonst wird man sein gehör noch ganz zerstören
ich habe mitgedrängt, so lange ichs ertrug
  ein gehn und kommen tag und nacht
  und nie genug
  ein Wunder, kann am end noch einer hören
und der Herr landgraf, er vertut
  mit seinen stolzen helden alles hab und gut
  mit alten kämpen, die das raufen lieben
  wie edel sein verschwendersinn:
  käm wein das fuder tausend pfund, er gäb es hin
  bei ihm ist nie ein becher leer geblieben ...

Nicht anders empfand Wolfram, der in seinem »Parzival« sogar die direkte Anrede gebraucht: »Fürst Herrmann von Thüringen! Ich habe viele von Deinem Ingesinde kennengelernt, die man besser als Ausgesinde bezeichnen sollte ... Deine tatsächliche Großzügigkeit hat Dir einen sehr gemischten Anhang eingebracht, wo sich die Würdigen neben den Unwürdigen drängen. Deshalb musste Herr Walther (sein Lied) ›Guten Tag, Böse und Gute‹ singen. Wo man aber solches singt, da werden die Falschen geehrt.«

Hermanns Mäzenatentum soll in jugendlicher Erziehung und Studien in Paris angelegt worden sein, wofür direkte Nachweise zwar fehlen, jedoch Kenntnis, Besitz und Weitergabe antiker Literatur in ihrer französischen Fassung sprechen. Mehrfach ist bezeugt, dass er auch einheimische Dichter mit der deutschen Bearbeitung solcher Stoffe betraute. So schrieb der junge hessische Gelehrte Herbort von Fritzlar sein »Lied von Troja«, sozusagen die Vorgeschichte zu Veldekes Eneit, ohne freilich an den Meister heranzukommen, und Biterolf, vielleicht jener aus der Sängerkriegsdichtung, ein »Alexanderlied«, das allerdings verschollen ist. Dem antikisierendem Geschmack des Auftraggebers entsprachen auch die Ovid'schen »Metamorphosen«, zu deren Übersetzung er Albrecht von Halberstadt veranlasste, einen Kleriker aus dem Kloster Jechaburg bei Sondershausen. Damit

Miniaturen aus dem Landgrafenpsalter mit Landgraf Hermann und Sophie und König Andreas von Ungarn und Gertrud, um 1210

nahm ein höfisches Erzählwerk nicht den üblichen Umweg über Frankreich, sondern gelangte direkt aus dem Lateinischen ins Mittelhochdeutsche. War dies der Grund für die geringe Resonanz oder etwa die darin anklingende Friedenssehnsucht, die der bei Hof begehrten Verherrlichung kriegerischer Heldentaten nicht recht gefallen wollte? Gerade Abenteuer und Kampfesmut, Treue und Ehre waren es doch, wofür sich das ritterliche Publikum begeisterte.

Neben volkssprachlichen Romanen, Minneliedern und Spruchdichtung bekunden zudem zwei Luxuspsalterien Hermanns Interesse an geistlichen Handschriften. Im ersten Jahrzehnt des 13. Jahrhunderts gab er im Skriptorium des Reinhardsbrunner Klosters zunächst den sogenannten Elisabethpsalter, dann den Landgrafenpsalter in Auftrag, beides aufwendige und kostspielige Werke, die für den Gebrauch bei Hof, namentlich für seine Gattin Sophie aus dem Geschlecht der Wittelsbacher vorgesehen waren. Die fromme Landgräfin hatte derweil allen Grund zur Sorge um das Seelenheil ihres Gemahls. Wie ein Eintrag in ihr Psalterbuch verrät, hat sie schon zu dessen Lebzeiten inbrünstig gebetet, Christus möge Hermann, obwohl »er

in viele Verbrechen und Sünden verstrickt ist«, vor seinen Gegnern schützen und ihm dereinst den Einzug ins Himmelreich nicht verwehren. Des Ludowingers Liebe zu den schönen Künsten bezeichnete nämlich nur einen Teil seiner Persönlichkeit, und zwar den, der ihn ehrenvoll über seine Epoche hinaus auf einen Sockel der deutschen Literaturgeschichte hob. Ganz und gar auf der Schattenseite lag dagegen seine Politik. Intrigen und berechnender Parteienwechsel, was statt erhofftem Zugewinn und territorialer Geschlossenheit zumeist nur Krieg, Zerstörung und Verluste nach sich zog, bestimmten Hermanns gesamte Herrschaftszeit. Hier sei allerdings angefügt, dass der Ludowinger damit durchaus systemkonform auftrat und nur die um sich greifende, nach Geld gierende Verweltlichung der hochmittelalterlichen Gesellschaft widerspiegelte.

Auch zum Hauskloster Reinhardsbrunn hatten sich Spannungen ergeben, so dass der Landgraf am Herrschaftszentrum Eisenach ein Zisterzienserinnenkloster gründete. Anders als alle Vorgänger fand er nach seinem Tod 1217 die letzte Ruhestätte in St. Katharinen, wo Gattin Sophie auch ihren Witwensitz nahm.

Detail des Elisabethaltars (Ludwigs Verabschiedung zum Kreuzzug), Pfarrkirche St. Ägidien zu Bardejov, Slowakei, um 1480

Heilige Elisabeth, deutsch, Terrakotta, um 1500

Fürstin, »Schwester in der Welt« und Heilige – Elisabeth von Ungarn und Thüringen

Bleiben wir noch bei Landgraf Hermann. Zwar sind seine politischen Winkelzüge weitgehend vergessen, doch fuhr gerade ein solches Ränkespiel den Ludowingern das größte moralische Kapital ein: eine Heilige in der Reihe ihrer Ahnen.

Längst zu den mächtigsten Fürsten des Reiches gehörend, gaben die Ludowinger im staufisch-welfischen Thronstreit ihre schon erwähnte Treue zu den Staufern mehrfach zugunsten eigener Ziele auf. Zeitweilig wurde Hermann I. zum erbittertsten Feind des Stauferkönigs Philipp von Schwaben, im konkreten Fall an der Seite der Wittelsbacher und Andechs-Meranier. Als der König in seiner Bamberger Pfalz 1208 vom Pfalzgrafen Otto von Wittelsbach ermordet wurde, galten die Brüder aus dem Hause Andechs, der Bamberger Bischof Ekbert und Heinrich von Istrien, als Mitschuldige. Der drohenden Strafe entzogen sich beide durch Flucht zu ihrer Schwester Gertrud an den ungarischen Königshof. Aber auch der nach Philipps Tod regierende Welfenkaiser Otto IV. erfreute sich der Gunst des Papstes nicht lange. 1210 kurzerhand exkommuniziert, sah er sich bald einer tatkräftig von Rom unterstützten deutschen Fürstenkoalition gegenüber, die nun den Staufer Friedrich von Sizilien auf den Thron zu bringen trachtete. Wie schon im Komplott zum Königsmord gehörte der fürstlichen Allianz gegen Otto wiederum an ambitionierter Stelle der Thüringer Landgraf Hermann an. Eines weiteren starken Bündnispartners versicherte sich die Stauferpartei in König Andreas II. von Ungarn, an dessen Hof Bischof Ekbert einen Heiratsvertrag zwischen den Arpaden und den Thüringern aushandelte. Deren Kinder – die 1207 geborene Königstochter Elisabeth und der um sieben Jahre ältere Landgrafensohn Ludwig – wurden zu politischen Schachfiguren auf europäischem Parkett. Als einzigartiges Dokument dieses Bündnisses gilt der schon erwähnte Landgrafenpsalter; hierin stehen die Brustbilder des thüringischen und des ungarischen Herrscherpaares nebeneinander.

Gertrud aus dem Hause Andechs-Meran und ihr Gemahl, König Andreas von Ungarn, nahmen die Brautwerbung aus Thüringen an. Im Herbst 1211 traf die Vierjährige am Landgrafenhof ein, begleitet von einer Schar treuer Landsleute und ausgestattet mit einem staunenswerten Brautschatz. Zehn Jahre später heirateten Elisabeth von Ungarn und der seit Hermanns I. Tod 1217 regierende junge Landgraf Ludwig IV., wie es die Abmachung vorgesehen hatte. Nicht vorherzusehen und ausgesprochen selten war dagegen, dass da kein reines Zweckbündnis sanktioniert wurde, sondern zwei sich wirklich Liebende vor den Altar traten.

Seit der Ankunft in Thüringen war das Königskind in eine der angesehensten deutschen Fürstenfamilien hineingewachsen. Höfischer Prunk, der sich vor allem der harten Arbeit abhängiger Bauern verdankte, kontrastierte mit wachsender Armut in Stadt und Land, die an westlichen Vorbildern orientierte Kultur und die eifrig geförderte Frömmigkeit mit adlig-ritterlicher Gewalt. Von diesen bewusst erlebten Gegensätzen dürfte das Mädchen geprägt worden sein, denn schon früh fiel Elisabeths sonderbares Verhalten auf. Selbst das ausgelassenste Treiben soll sie jäh unterbrochen haben, um die Kirchentür zu küssen, betend in der Kapelle niederzuknien oder im Psalter zu blättern. Ihren Gewinn bei Wettspielen verschenkte Elisabeth oft an ärmere Kinder und verlangte von ihnen dafür ein Vaterunser. Ob man – wie es die Überlieferung wissen will – tatsächlich erwogen hat, das sozial auffällige Kind nach Ungarn zurückzuschicken, was Ludwig zu verhindern wusste? Eine starke Religiosität mag zweifellos vorhanden gewesen sein, doch dass sie notwendig aus der »Heiligenfolge« der Arpaden hätte hervorgehen müssen, überzeugt so wenig wie der Fingerzeig auf die Andechs-Meranier, etwa die heilige Hedwig von Schlesien, Elisabeths Tante, oder ihren Onkel Berthold, dem als Patriarch von Aquileja 1218 die höchste geistliche Würde nach dem Papst zukam. Auch Psychoanalytiker versuchten die merkwürdige Persönlichkeit zu deuten: die frühe Trennung von den Eltern, der Wechsel aus vertrauter Umwelt ins weit entfernte Thüringen, die Nachricht vom Mord an ihrer Mutter, der plötzliche Tod des Landgrafensohnes Hermann, in dem man lange Zeit irrtümlich den eigentlichen Bräutigam vermutet hat, oder das bald folgende Sterbelager des Schwiegervaters Hermann I., der dem Wahnsinn verfallen sein soll – all das hätte Elisabeths Weg vorgezeichnet. Aus den kleinen Almosen, die das mitleidige Mädchen verteilt hatte, erwuchs unter der jungen Landgräfin jedenfalls eine Armenfürsorge großen Stils, ja so ausufernd, dass die Familie nicht ganz zu Unrecht um Hab und Gut fürchtete. Immer öfter widersprach sie höfischer Etikette, wenn sie vor Aller Augen barfuß und im einfachsten Gewand an der Messe teilnahm, den prächtig herausgeputzten Hofdamen Eitelkeit vorwarf oder gar den Armen die Füße wusch. Auf Seiten der Privilegierten verstand man dies als Provokation, auf Seiten des Elends womöglich als Hohn, weil es der gewohnten, von Gott gewollten Ordnung so vollkommen zuwiderlief.

Es lässt sich nicht genau sagen, wo und wann die etwa 14 bis 15jährige Landesfürstin mit den Franziskanern in Berührung kam. Die ersten erreichten Deutschland um 1221, relativ rasch breitete sich der noch junge Bettelorden aus und verfügte vier Jahre später auch über eine, nur wenige Schritte vom landgräflichen Steinhof entfernte Niederlassung in Eisenach. Kaum dürfte Elisabeth von der religiösen Armutsbewegung gewusst haben, die mittlerweile ganz Europa erfasst hatte

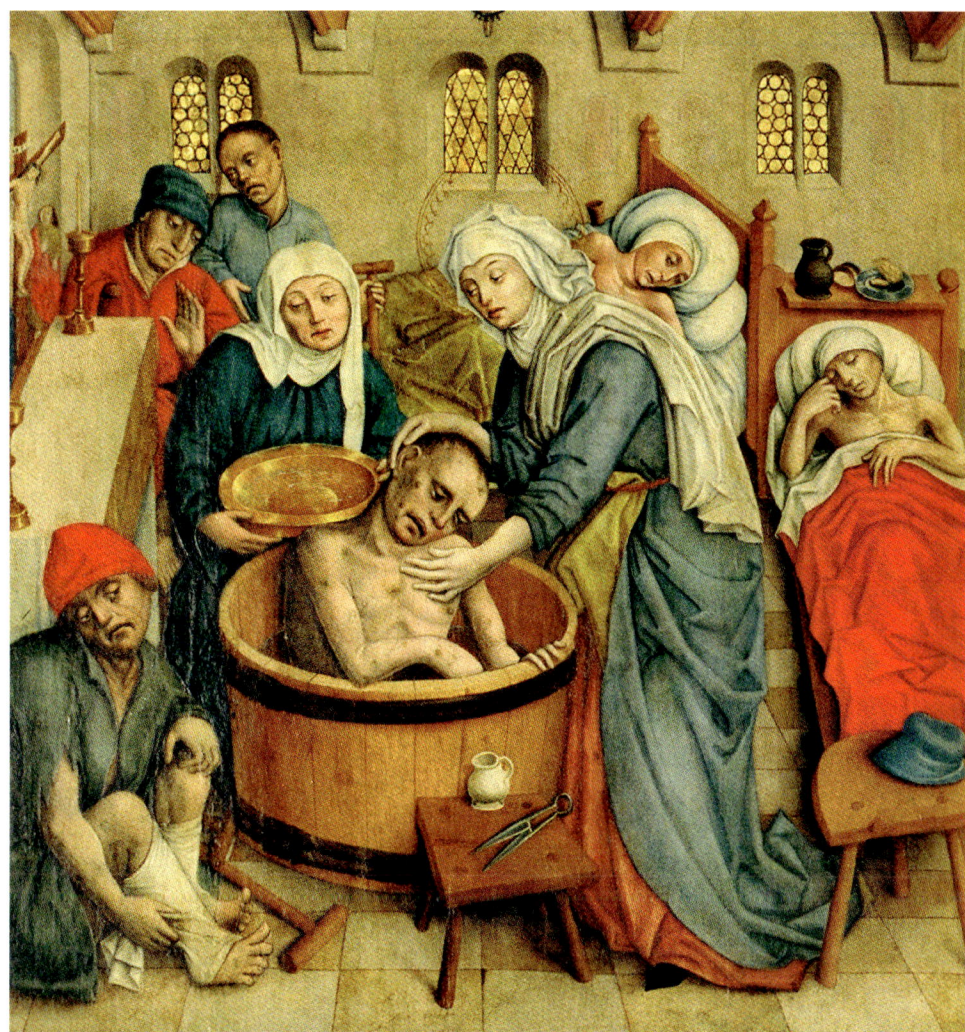

Elisabeth wäscht in ihrem Hospital einen Kranken, aus dem Altarzyklus der St. Elisabeth-Kirche in Kosice, Slowakei, um 1480

und in der die Minderbrüder nur eine Variante unter vielen waren. Sicher ist, dass sie in der Botschaft des reichen Kaufmannssohns Franziskus von Assisi, der freiwillig den Bettelstab nahm und zur Nachfolge Christi aufrief, ihr Lebensideal ausformuliert fand. Sehr wahrscheinlich ist auch, dass ihr dieses Leitbild von frühen Anhängern vermittelt worden ist. Sie verstanden sich als Büßer- und Schicksalsgemeinschaft der Ausgegrenzten, stellten echte Armut und Karitas in den Vordergrund, bevor zunehmende Institutionalisierung des Ordens hierin zu relativieren begann. Elisabeths erster, selbst gewählter Beichtvater, der franziskanische Laienbruder Rodeger, sollte sie in Demut, Gehorsam, Geduld und Keuschheit unterweisen, gesellschaftliche Gegensätze wollte sie mit Gegensätzlichem ausgleichen. Obwohl dies alles stets im Einverständnis mit ihrem Ehemann, dem Landgrafen Ludwig, geschehen sein musste, waren familiäre Konflikte vorprogrammiert und klingen in der Legende vom Rosenwunder auch milde an. Danach soll Elisabeth heimlich Brot aus den Vorratskammern hinab zu den Stadtärmsten getragen haben, als ihr Ludwig überraschend in den Weg trat. Auf seine Frage, was sie da unter dem Mantel verberge, antwortete sie auf ein Wunder hoffend, sie habe Rosen gepflückt. Der unschuldigen Lüge verhalf der Himmel zur Wahrheit, der junge Landgraf soll fortan von der reinen Seele seiner Frau überzeugt gewesen sein. Das liebenswerte Rührstück vermag indes kaum die tägliche Zerreißprobe anzudeuten, der sich das Fürstenpaar unterwarf. Stellung, Re-

Landgraf Heinrich Raspe IV., Thüringen, um 1300

präsentation, Herrschaftsgebote und -pflichten standen nun mal im krassen Widerspruch zum franziskanischen Musterleben. Dem eiferte Elisabeth auch weiter nach, als Konrad von Marburg ihr geistlicher Leiter wurde. Mochte der Kreuzzugsprediger durch hohe Bildung, Weltgewandtheit und gesellschaftlichen Einfluss angemessener erschienen sein als der weitgehend unbekannte Rodeger, so hing doch auch er dem Armutsideal an, ja lebte es in aller Strenge selbst vor und besaß damit die Integrität, die ihm radikale Forderungen an sein Beichtkind ermöglichten. Bei Konrads Predigten hatte Elisabeth anwesend zu sein, auch wenn sie dadurch höfische Norm verletzte. An der Tafel durfte sie nichts anrühren, wovon unsicher war, ob es nicht aus erpressten Abgaben stammte. Mit diesem Speisegebot ist die Kritik an der Ausbeutung des Volkes zugunsten adligen Überflusses auf der obersten Ebene personifiziert worden; kein anderer Fürstenhof der Zeit kannte Vergleichbares. Auch die Fürsorge, zu der jeder Landesherr bei besonderer Not seiner Bevölkerung verpflichtet war, übertraf unter Ludwig und Elisabeth jedes übliche Maß. Geradezu irreal aber musste in den Augen der Zeitgenossen eine Fürstin erschienen sein, die sich voller Liebe und Hingabe persönlich Armen, Kranken und Aussätzigen widmete. Ihr Hospital, in Spuren aufgefunden bei archäologischen Grabungen 2006, war im Hungerjahr 1226 unterhalb der Wartburg errichtet worden, ein ähnliches Siechenhaus kurz zuvor in Gotha entstanden. Als Elisabeth vor den Toren Marburgs das dritte bauen ließ, hatte sich ihre Situation schon grundlegend geändert – die nun 20jährige war inzwischen Mutter dreier Kinder und im September 1227 Witwe geworden.

Ludwig IV., der sich als zielstrebiger, vielversprechender Regent erwiesen hatte und auch ohne päpstliches Zutun vom Volk als Heiliger verehrt wurde, starb auf dem Kreuzzug Kaiser Friedrichs II. nach Jerusalem noch an der italienischen Küste. Sein plötzlicher Tod bedeutete für seine junge Frau Wahl und Wende zugleich. Ohne Rückhalt von ihrem Ehemann war sie jetzt dem Hass und der Verachtung ihrer Schwäger ausgesetzt. Sie verließ also die Wartburg, verbrachte den Winter unter unwürdigsten Bedingungen in Eisenach und lehnte alle Hilfsangebote ihrer Verwandten wie auch eine Neuvermählung ab. Es war Konrad, der mit den Ludowingern ihr Witwenerbe aushandelte. Ihm folgte sie in die Stadt an der Lahn, wo ihr Heinrich Raspe und sein Bruder Konrad Grund und Boden des neuen Hospitals zur Nutznießung überließen. Sie weihte das Haus dem eben erst heiliggesprochenen Franziskus. Bettelnd wie er hatte sie von Tür zu Tür gehen wollen, nun gehörte sie als »Schwester in der Welt« einer Hospitalgemeinschaft an, die in der Hierarchie der mittelalterlichen Gesellschaft kaum höher stand als das Bettlerdasein, ihrem Streben nach christlicher Vollkommenheit aber noch am nächsten kam. In ein schlichtes Bußgewand gehüllt, opferte sich die einstige Königstochter nun vollends für die Ärmsten der Armen auf. Am 17. November 1231 starb Elisabeth, gerade 24jährig, vier Jahre später sprach sie Papst Gregor IX. heilig. Am Kanonisationsprozess hatte wiederum Konrad von Marburg den maßgeblichsten Anteil gehabt, bevor der Ketzerverfolger, der auch Adlige nicht ungeschoren ließ, ein gewaltsames Ende fand. Jetzt bemühten sich die Ludowinger und der eng mit ihnen verbundene Deutsche Orden. Jenen war die tote, aber heilige Landgräfin sehr viel lieber als die lebende, diesem fiel das Marburger Hospital zu – für beide Seiten ein klarer Prestigegewinn.

Gleichwohl ihre detaillierte Vita auf historisch glaubwürdigen Quellen beruht und eine mutig konsequente Außenseiterin beschreibt, woben Jahrhunderte ihre Legenden hinein, dominiert bis heute das Bild von der lieblichen Heiligen mit dem Rosenwunder.

Ende der Ludowinger und die Wettiner Erben

Aus Ludwigs und Elisabeths nur sechs Jahre währenden Ehe waren drei Kinder hervorgegangen. Die ältere Tochter Sophie heiratete Herzog Heinrich II. von Brabant und sollte die Stammmutter Hessens werden. Die jüngere Gertrud, beim Aufbruch des Vaters in den Kreuzzug noch nicht geboren, verbrachte ihr Leben von frühester Kindheit bis zum Tod im Prämonstratenserinnenkloster Altenberg bei Wetzlar, dem sie schon im Alter von 20 Jahren als Äbtissin vorstand. Mit der Geburt des Sohnes Hermann 1222 schien jedoch die ludowingische Erbfolge gesichert. Tatsächlich nahm der 16jährige erstmals selbständig Regierungsgeschäfte in den hessischen Landesteilen wahr und erwies sich dabei als deutlicher Widersacher seines Onkels und bisherigen Vormundes Heinrich Raspe IV. Dieser hatte nach Ludwigs Tod die Herrschaft an sich genommen, sich sogar bald vom Kaiser mit Thüringen und der Pfalzgrafschaft Sachsen belehnen lassen und für den hessischen Besitz seinen Bruder Konrad eingesetzt. Nach Anerkennung der rechtmäßigen Nachfolge sah das nicht aus. Immerhin verdrängte der hoch angesehene Thronerbe den Onkel Konrad aus seiner landgräflichen Position in Hessen und berief sich als »Hermannus dei gratia iunior lantgravius, filius sancte Elisabeth« ausdrücklich auf seine kanonisierte Mutter. Heinrich Raspe empfand wohl wenig Sympathie für den Spross des frommen Paares, ganz gewiss aber tiefsten Widerwillen, das Thüringer Zepter ganz und gar an den Neffen abzutreten. Dass der junge Hermann II. 1241 plötzlich starb, lässt entsprechende Spekulationen zu, sollte aber vor allem das Ende der Ludowinger einläuten.

Ehrgeizig wie seine Vorgänger, wurde Heinrich Raspe von Kaiser Friedrich 1242 als Reichsverweser für dessen minderjährigen Sohn eingesetzt, bevor er sich auf die Seite des Papstes schlug und mit dessen Hilfe im Mai 1246 selbst zum König krönen ließ. Freilich versagten die weltlichen Landesherren dem ausnahmslos von Kirchenfürsten gewählten »Pfaffenkönig« die Anerkennung. So stiefmütterlich ihn die Geschichtsschreibung in den folgenden Jahrhunderten behandelt hat – wer weiß schon, dass auf der Wartburg einmal ein römisch-deutscher König saß? – so erfolgreich wusste Heinrich Raspe während seiner zwanzigjährigen Herrschaftszeit die landgräfliche Macht gegen alle Widersacher auf ihren Höhepunkt zu befördern und gerade als »Überläufer« zu stabilisieren. Es ist müßig darüber zu rätseln, ob und wie er sich der Königskrone hätte würdig erweisen können, wäre ihm mehr Zeit beschieden gewesen; ein wirrer Außenseiter war er jedenfalls nicht. Bei der Belagerung von Ulm schwer verwundet, bewältigte der glücklose König noch die Rückkehr zur Wartburg, wo er Mitte Februar 1247 starb.

Trotz dreier Ehen kinderlos geblieben, stand mit seinem Tod nun das gesamte ludowingische Erbe zur Disposition. Acht Parteien machten ihre mehr oder weniger berechtigten Ansprüche geltend, wobei Elisabeths Tochter Sophie von Brabant, Heinrich Raspes Nichte, und der Markgraf von Meißen, Heinrich der Erlauchte, die Hauptkontrahenten waren. Sophie stritt dabei für ihren Sohn Heinrich, der Wettiner berief sich auf eine frühere Eventualbelehnung. Obwohl beide die Interessen des jeweils anderen im Wesentlichen akzeptierten, entbrannte ihr Streit gerade um das Grenzland zwischen Thüringen und Hessen, also um Eisenach und die Wartburg. Erst nach harten Kämpfen, bei denen das Werrastädtchen Creuz-

Markgraf Heinrich der Erlauchte, Miniatur aus der Großen Heidelberger Liederhandschrift, um 1300/40

Sophie von Brabant vor den Toren Eisenachs, Federzeichnung aus der Landeschronik des Wigand von Gerstenberg (1457–1522)

ringen allerdings, insbesondere die ganz im Westen gelegene Wartburg wurde infolge der neuen Verhältnisse aus dem bisherigen Zentrum an den Rand gedrängt.

Heinrich der Erlauchte, ehemals Mündel des Landgrafen Ludwig IV., dann als erfolgreicher Landesherr, Kreuzfahrer und Minnesänger eine der schillerndsten Gestalten des Mittelalters, beabsichtigte wohl schon den Rückzug aus politischen Geschäften, als er sich zunehmend nach Dresden zurückzog und die wettinischen Territorien an seine Söhne weitergab. Friede und Freude sollte ihm dieser Akt nicht bescheren. Albrecht, der den thüringischen Landesteil erhalten hatte, zeigte sich selbst gegen seine engsten Verwandten als ausgemachter Störenfried. Als ob fortgesetzte Interventionen durch die begierig auf Mitteldeutschland ausgreifenden deutschen Könige nicht genug Kräfte erfordert hätten, brachte Albrechts Gewissenlosigkeit sein Herrschaftsgebiet an den Rand gänzlichen Zerfalls, indem er Güter wahlweise verkaufte, verpfändete oder verspielte. Den schon drohenden Verlust von Eisenach und Wartburg, offenbar bevorzugte Aufenthaltsorte und fast das Letzte, was noch geblieben war, verhinderten die Söhne von Albrecht, vor allem jedoch die gegen ihren unrühmlichen Herrn aufgebrachten Stadtbürger. Das schwarze Schaf der Wettiner wurde denn auch von der Geschichte mit dem wenig schmeichelhaften Beinamen »der Entartete« belegt, was die Sage ihrerseits auszuschmücken wusste. Noch zu Albrechts Lebzeiten – er starb 1314 in Erfurt – nahmen seine Söhne Diezmann und Friedrich die wettinischen Geschicke in ihre Hände und begannen verlorenen Boden zurückzuerobern. Den entscheidenden Sieg über die königlichen Truppen Adolfs von Nassau errangen die Brüder 1307 in der Schlacht bei Lucka. Da Adolfs Heer wohl größtenteils schwäbischer Herkunft war, heißt es noch heute bei Vorhaben, die klar zum Scheitern verurteilt sind: Es wird dir glücken, wie den Schwaben bei Lücken. Durchaus glaubhaft, dass Friedrich der Freidige – was »mutig« und »tapfer« bedeutet – diesen Triumph, der die Erblande wieder konsolidierte, auf einem Gemälde im Festsaal des Wartburgpalas verewigen ließ. Wie die Chronik zum Jahr 1317 berichtet, war es nicht von Dauer; ein Brand beschädigte Palas, Bergfried und Nachbargebäude und zerstörte auch das Bild. In der »Galerie« der Landgrafensagen, die Moritz von Schwind Mitte des 19. Jahrhunderts schuf, sind sowohl Albrecht der Entartete wie auch Friedrich der

burg eingeäschert wurde, die beherzte Sophie gar mit der Axt auf ein Eisenacher Stadttor eingehauen haben und Bürgermeister Velsbach für seine Parteinahme grausam bestraft worden sein soll, kam es 1264 zur grundlegenden Einigung. Im Ergebnis aller, größtenteils verheerenden Auseinandersetzungen fiel der westliche Teil der Landgrafschaft Thüringen an das »Kind von Brabant«; 1292 wurde Hessen zum selbständigen Reichsfürstentum erhoben, Sophies Sohn Heinrich I. Landgraf von Hessen.

Für den Meißner Markgrafen dagegen verwirklichte sich mit dem Zugewinn des Ostteils der Landgrafschaft und der Pfalzgrafschaft Sachsen genau das, worauf die Ludowinger unter umgekehrtem Vorzeichen einst spekuliert hatten; die altfürstliche Dynastie der Wettiner übernahm deren Erbe und gab es in den nächsten sechs Jahrhunderten auch nicht wieder aus der Hand. Ihr Besitz mit dem Kernland um Meißen reichte nun von der Oder bis zur Werra, vom Erzgebirge bis zum Harz, im Umfang nur noch übertroffen von den böhmisch-habsburgischen Ländereien. Thü-

Die Wartburg von Nordosten mit dem Haus Friedrichs des Freidigen, Zeichnung von Johann Wolfgang von Goethe, 1777

Landgraf Balthasar im Kampf gegen den Raubritterbund der Sterner, Fresko im Landgrafenzimmer des Wartburgpalas, Moritz von Schwind, 1854

Freidige bedacht worden, der eine in der Pose des angehenden Ehebrechers, der andere als fürsorglicher Vater. Alle hier genannten Wettiner vereint dagegen der berühmte Fürstenzug zu Dresden.

Die Wartburg indes erlebte unter Friedrich ihre erste Verjüngungskur. Von künstlerischem Anspruch konnte, soweit dies heute noch zu beurteilen ist, kaum die Rede sein. Der Zweck bestimmte die Mittel, und wohl zu Recht hielt der kriegsgewohnte Landgraf eine stärkere Befestigung für sinnvoller. Als erstes ließ er den Hauptturm erneuern. Dem Palas wurde ein steiles gotisches Dach aufgesetzt, seine Arkaden verschwanden hinter einer unansehnlichen Hoffront mit unregelmäßig verteilten Fensterchen und hochgelegtem Eingang. Den indirekten Hinweis darauf, dass auch eine frühere Kirche in Flammen aufgegangen war, liefert lediglich der nachträgliche Einbau einer Kapelle ins erste Obergeschoss des Palas. Hierfür trennte man das südliche Drittel des vormaligen Saales ab, überwölbte es gegen alle statischen Gesetze und gab sich auch mit zweitklassigen Säulen zufrieden. Überkommene Reste der Wandflächenbemalung zeigen sechs mit Spruchbändern versehene Apostel, von denen dank seines Schlüssels nur noch Petrus erkennbar ist. Mit dem südlichen, ins 14. Jahrhundert datierten Turm erneuerte Friedrich sicher nur eine bestehende Anlage, die an diesem strategischen Schwachpunkt seit eh und je unabdingbar gewesen sein dürfte. Der einzig interessante Bau war wohl das »gemalte Haus«, errichtet über den Felsenkellern eines wohl ebenfalls beschädigten Wohngebäudes nördlich des Palas. Es bestand noch bis weit in die zweite Hälfte des 18. Jahrhunderts und reizte Johann Wolfgang von Goethe während seines Besuchs 1777 zum Zeichnen.

Der in jeder Hinsicht tatkräftige Friedrich beendete indes sein Leben keineswegs »freidig«. Unmittelbar nachdem er das geistliche Schauspiel von den fünf klugen und fünf törichten Jungfrauen gesehen hatte, erlitt der etwa 65jährige einen Schlaganfall, von dem er nicht wieder genas. Hatte den sicher sündigen Landgrafen das christliche Lehrstück, wonach die Vergebung der Sünden allein in Gottes Hand liegt und jede Fürbitte zwecklos ist, derart aus der Bahn geworfen? An Leib und Seele jedenfalls gebrochen starb Friedrich 1323 auf der Wartburg. Sie blieb auch für den gleichnamigen Sohn, den man den »Ernsthaften« nannte, beliebtester Wohnsitz und Sterbeort. Etwas überraschend erscheint bei ihm eine neue Traditionspflege, wie sie in der Stiftung eines Franziskanerklosters zum Ausdruck kam. Der heiligen Elisabeth geweiht, stand es unterhalb der Wartburg auf dem Platz ihres einstigen Hospitals, das in der Chronik angegebene Jahr 1331 umschreibt sicher nicht zufällig ihren 100. Todestag. Ergrabene Reste weisen auf eine beachtliche Klosterkirche und damit auf den hohen Rang, den der nur sechsköpfige Konvent innehatte. Neben Messen in der Burgkapelle, Beichtdiensten, Prozessionen und Erziehung der wettinischen Prinzen oblagen ihm auch Verwahrung und Präsentation wertvoller Elisabethreliquien. In der Reformationszeit verschwanden zunächst die Mönche, danach allmählich auch die Klosteranlage.

Doch zurück zu den Herren der Wartburg: Wie dem Ernsthafen gelang es auch seinen Nachkommen Friedrich dem Strengen und Balthasar, die Macht der Wettiner in Thüringen zu festigen und auszuweiten. So verleibten sie sich den Süden mit Coburg und Hildburghausen ein, einen Teil des Vogtlandes und zusammen mit dem Orlamünder Erbe die Stadt Weimar. Bei alledem rückten nun zunehmend Gotha und der dortige Grimmenstein zum wichtigsten Herrschaftszentrum auf, bevor auch diesem Ort seit Anfang des 15. Jahrhunderts das noch östlicher gelegene Weimar den Rang ablief. Immerhin hatte sich die Wartburg trotz peripherer Lage und allen Beschwernissen der unzeitgemäß gewordenen Höhenburg lange als Fürstensitz behaupten können. Den Aufstieg des Sohnes von Friedrich dem Strengen zum sächsischen Kurfürsten oder die folgenreiche Leipziger Teilung 1485, bei der die Wettiner Ernst und Albrecht ihren Herrschaftskomplex in die ernestinische und albertinische Linie aufspalteten, berührten die Feste über Eisenach kaum mehr; längst fungierte sie nur noch als Verwaltungssitz des gleichnamigen Amtes.

Dieser wurde indes nicht nur instand gehalten, er erfuhr in den letzten zwei Jahrzehnten des 15. Jahrhunderts auch baulichen Wandel, der das Antlitz der Vorburg noch heute prägt. Auf die Ringmauer wurden geschlossene Fachwerkgänge aufgesetzt, wahrscheinlich eher zur bequemeren Verbindung zwischen den einzelnen Gebäuden als zu Verteidigungszwecken, wie es der Begriff Wehrgang suggeriert. Torturm und Ritterhaus waren auf jeden Fall viel älter, ebenso das Steingeschoss der Vogtei. Mit einem neuen Fachwerkaufbau versehen erhielt sie im Großen und Ganzen ihr bleibendes Äußeres und bot bald schon dem prominentesten Wartburgbewohner eine Bleibe.

II Auf dem Weg zum nationalen Sinnbild

Mein Einsiedlerleben macht mir gar nichts aus – Martin Luther auf der Wartburg

Der deutsche Erinnerungskult kennt wenige Orte, an denen die Geschichte ihre Lichtgestalten so oft platzierte wie auf der Wartburg. Mit der heiligen Elisabeth von Thüringen und Martin Luther scheint da ein höchst ungleiches Paar die Gedenkstätte zu teilen, aber waren denn die bizarre Landgräfin und der mönchische Rebell wirklich so verschieden? Vom Geist des Evangeliums beseelt rüttelten beide an kirchlicher Praxis, durchbrachen beide gesellschaftliche Normen, folgten unerschrocken ihrem Glauben, haben viele Zeitgenossen zutiefst brüskiert. Es ist bezeichnend, dass Luther, dem doch jegliche Heiligenverehrung zuwider war, die berühmte Wartburgbewohnerin als leuchtendes Vorbild pries, und Elisabeth auch in der evangelisch-lutherischen Kirche einen Ehrenplatz einnahm. Dass mit der goldglitzernden Elisabethkemenate und den Schwind'schen Fresken in der Galerie ihrem Andenken womöglich mehr Gewicht verliehen worden ist als Luther, täuscht. Gemäß dem großherzoglichen Denkmalkonzept des 19. Jahrhunderts präsentierte sich im Palas das Geschlecht der Thüringer Landgrafen, während die Vogtei ganz im Zeichen der Reformation stehen sollte. Auch das Kreuz auf dem Bergfried will nicht konfessionell gedeutet werden, sondern symbolisiert schlechthin das christliche Ansehen der Burg.

Weitgehend authentisch ist dagegen die Lutherstube. Hier bezog der Mönch tatsächlich am späten Abend des 4. Mai 1521 sein Quartier, hier lebte er für zehn Monate, hier übersetzte er das Neue Testament. Eine kurze Episode in der Wartburggeschichte, doch hat für viele Besucher Luthers Aufenthalt alle übrigen Denkwürdigkeiten überstrahlt. Wie es die Jahreszahlen und Namenszüge an den verblichenen Bohlenwänden der Zelle verraten, machten sich die Protestanten schon im ausgehenden 16. Jahrhundert ihr neues Heiligtum zu eigen, ja sprachen bald von der »Lutherburg« und identifizierten sie mit jener »festen Burg, der guten Wehr und Waffen« aus dem berühmten Luther-Choral.

Luther selbst fügte sich seinerzeit nur ungern ins Exil. Er fürchtete als Deserteur betrachtet zu werden, der die Schlacht verlässt, und bekannte todesmutig: »Nichts wünsche ich mir mehr, als dem Ansturm der Feinde meinen Hals entgegenzustrecken.« Davon hielten seine Beschützer nach Luthers spektakulärem Widerstand gegen Kaiser und Reich nichts. Päpstlicher Bann und das Wormser Edikt vom 8. Mai – die Reichsacht, die ihn für vogelfrei erklärte – wogen zu schwer, als dem Drang des Mönches nach Öffentlichkeit stattzugeben. Die Nachricht vom Überfall und von seiner Entführung auf der Rückreise von Worms nach Wittenberg sprach sich schnell herum, das Echo fiel gegensätzlich aus. »Freitag vor Pfingsten im Jahre 1521 kam die Mär gen Antorf, dass man Martin Luther verräterisch gefangen hätte... Lebt er noch oder haben sie ihn gemördert – was ich nicht weiß – so hat er das gelitten um der christlichen Wahrheit willen, und darum, dass er gestraft hat das unchristliche Papsttum. O Gott, ist Luther tot, wer wird uns hinfort das heilige Evangelium so klar vortragen!« Solch große Sorge, wie sie kein Geringerer als Albrecht Dürer seinem Tagebuch anvertraute, mochten ungezählte Anhänger geteilt haben. Aber auch die Gegenpartei war ratlos und unsicher. »Den Luther sind wir los, wie wir wollten, aber das Volk ist so erregt, dass ich vermute, wir werden kaum unser Leben retten, wenn wir ihn nicht mit brennenden Lampen suchen und zurückrufen«, schrieb ein römischer Prälat an den Mainzer Erzbischof Albrecht.

Derweil war der allseits Vermisste am späten Abend des 4. Mai 1521 vom Wartburghauptmann Hans von Berlepsch in Empfang genommen worden und hatte nicht nur seinen Namen, sondern auch sein Äußeres verändert. Kinn-, Backen- und Oberlippenbart, das Haupthaar, das die Tonsur rasch überwuchs, passende Kleidung und ein Schwert an der Seite verliehen ihm glaubhaft den Habitus eines Junkers, der sich Jörg nannte. Niemand außer dem Herbergsvater, der auf dem Wormser Reichstag zugegen gewesen war, kannte die wahre Identität des Gastes. Bei den Bediensteten mochte er als Sonderling gelten, da ihm die Jagd, das bevorzugte Vergnügen des Adels, nicht zusagte und sein Tagewerk im Schreiben und Lesen bestand. Auch vertrug er das deftige Essen nicht, das bei ihm, der bescheidene Klosterkost gewohnt war, Verdauungsstörungen und Schlaflosigkeit hervorrief. Ganz und gar nicht wollten dem rastlosen Luther Geduld und Stillschweigen gefallen, wie es ihm sein Wirt so eindringlich ans Herz gelegt hatte. Die ersten Briefe zerriss er, doch lange währte dieser Gehorsam nicht. Nachdem erst einmal vertrauliche Postwege gefunden waren, empfing er alle notwendigen Informationen, gewünschten Bücher und hatte auch reichlich Gelegenheit, sich dem kleinen Kreis der Eingeweihten mitzuteilen. 38 Briefe aus dieser Zeit sind erhalten geblieben. Anfangs hieß es dort, dass er sich nutzlos fühle, nichts zu tun habe, den ganzen Tag nur faul herum sitze, doch sollten sich gerade Ruhe und Abgeschiedenheit des »Patmos«, der »Einöde« oder »Wüstenei«, wie Luther den Aufenthaltsort umschrieb, als beste Voraussetzung für eine seiner produktivsten Schaffensperioden erweisen. Reaktionen auf aktuelles Geschehen und Angriffe auf seine Lehre wechselten mit Musterpredigten wie in der sogenannten Wartburgpostille, mit Auslegungen von Psalmen und Grundsatztraktaten; die auf der Burg entstandenen Schriften gelangten über Spalatin zumeist schon kurze Zeit später in die Druckerei. Als der Geächtete dem Mainzer Erzbischof Albrecht, der

Der Scheinüberfall auf Luther am 4. Mai 1521, anonymer Kupferstich mit der ältesten Ansicht der Wartburg, um 1590

Junker Jörg, Lucas Cranach d. Ä., 1521

angeblich erneut seine Heiltümer ausstellen und Ablass kassieren wollte, gehörig die Leviten las und drohend erklärte, er solle bloß nicht denken, dass Luther tot sei, wird dies wohl ziemlich überflüssig gewesen sein. Dank seiner zahlreichen Wortmeldungen wusste die Welt mittlerweile, wie lebendig der Wittenberger – wo auch immer – war. Gerüchte über sein Versteck kursierten. Sie schienen Luther lediglich belustigt und im Dezember keineswegs von einer zweiwöchigen Visite in Wittenberg abgehalten zu haben.

Dort ergriff Lucas Cranach die Gelegenheit, den bärtigen Junker Jörg zu porträtieren, und sicher drängten ihn die Freunde in geselliger Runde auch zur Übersetzung des Neuen Testaments. «Weil die Unsrigen es verlangen», begann er damit noch vor Weihnachten – mit hohen Ansprüchen. Der deutsche Text der Evangelien sollte besser werden als alle bisherigen. Wie es die Humanisten forderten, ging Luther »zurück zu den Quellen«, legte seinem Werk die griechische Originalfassung, und nicht wie üblich die Vulgata zugrunde; schließlich war diese, auf der alle früheren volkssprachlichen Bibelausgaben beruhten, ihrerseits schon aus den biblischen Sprachen ins Lateinische übertragen worden. Dass sein Werk für jeden Deutschen klar und verständlich sein sollte, schien bei der Vielzahl der regionalen Dialekte und ihrer oft völlig verschiedenen Begriffe fast unmöglich. Wie wir wissen, ist Luther das schier Unmögliche in nur zehn Wochen gelungen – ihm, der noch zwei Jahre später von sich behauptete, seine angeborene Muttersprache nicht zu beherrschen, dessen alltägliche Kommunikation meist auf Latein erfolgt ist und der als Schlüssel seines Erfolgs das gewiss staubtrockene Amtsdeutsch der sächsischen Kanzlei ins Feld führte. Obwohl man in Luther heute nicht mehr den singulären Sprachschöpfer feiert, war seine Bibelübersetzung auf dem Weg zum modernen Hochdeutsch ein Meilenstein, seine ostmittelhochdeutsche Herkunft die beste Basis, sein Sprachtalent genial – und die Heilige Schrift eben das Buch der Bücher.

Am 1. März 1522 verließ der Exilant die Wartburg wieder Richtung Wittenberg. Das mitgeführte Manuskript wurde in der Werkstatt Melchior Lotters in Lettern gesetzt und gedruckt, erhielt nach seinem Erscheinungstermin die Bezeichnung »Septembertestament« und war auf der Leipziger Messe der Bestseller. Dreitausend Exemplare, für die damalige Zeit unerhört viel, verkauften sich in Windeseile, so dass noch vor Jahresende die Zweitauflage folgte. Die gesamte Lutherbibel lag 1534 vor. Die Deutschen, so sollte der Dichterfürst Johann Wolfgang von Goethe nach drei Jahrhunderten sagen, seien ein Volk erst durch Luther geworden. An diesem Ruhm hat die Wartburg zweifelsohne partizipiert.

Wer heute die Lutherstube betritt, dem scheint zwischen den holzverschalten Wänden die Zeit stehen geblieben. Die Einrichtung ist karg. Zum einstigen Mobiliar gehörte nur der schon in ältesten Inventaren vermerkte Walwirbel, der als Fußschemel diente. Ein einfacher Kastentisch, gestiftet von Luthers Nachfahren, ersetzte zum Reformationsfest 1817 den Vorgänger; ihn hatten im Laufe der Zeit Reliquiensammler völlig zerspant. Neuer Glaube und überkommene Gepflogenheiten lagen wie immer auch hier nahe beieinander. Am liebsten klaubten die frommen Wartburgpilger als Mitbringsel kleine Putzpartikel aus der dunklen Wandfläche am Ofen. Die entsprechende Legende weiß, dass dem Reformator, der des Nachts noch schrieb, der Teufel erschien und ihn peinigte. Voller Zorn, hierin genauso leidenschaftlich wie in seiner

Lehre, schleuderte Luther das Tintenfass nach dem Unhold. Der verzog sich, aber an der Wand prangte fortan ein großer schwarzer Fleck. Pate bei der Geschichte stand wohl auch das Zitat des Wittenbergers, wonach er den Teufel mit Tinte bekämpft habe. Der ominöse Tintenfleck wurde im Übrigen öfter »rekonstruiert« – zur hellen Freude eines dazu handverlesenen Publikums und zum letzten Male vor weit über 100 Jahren.

Der Täufer Fritz Erbe

Es sei dahingestellt, ob Luther die Wartburg in so guter Erinnerung behielt wie sein »liebes« Eisenach. Für einen unbekannteren Zeitgenossen sind beide Orte zu qualvollen letzten Lebensstationen geworden. Auf der Suche nach dem Elisabethhospital stießen Archäologen 2007 auf das Skelett eines offensichtlich unchristlich verscharrten Mannes. Datierung, Fundumstände und chronikalische Nachrichten legen nahe, dass es sich um die sterblichen Überreste von Fritz Erbe handelte. Der aus der Gegend stammende Bauer gehörte den Täufern an. Diese waren zwar ein Ast am Stamm der Reformation, hatten sich auf Luther berufen, aber auch gewagt, manches anders zu sehen als er. So verfochten sie die Erwachsenentaufe, lehnten Kriegsdienste und Obrigkeiten ab, praktizierten das Laienpriestertum und hielten das Abendmahl für einen symbolischen Akt. Vielen wurde das zum tödlichen Verhängnis. Weil Erbe sein Kind nicht taufen lassen wollte und eine verfolgte Täuferin im Haus versteckte, kam der Bauer in Haft und erlitt die Folter ohne zu widerrufen. Des Prozessausgangs konnte er sich dabei nicht sicher sein; sein Heimatdorf Herda unterstand zwei Herren mit verschiedenen Ansichten. Der Kurfürst von Sachsen plädierte wie die Wittenberger Reformatoren für ein Todesurteil, dem hessischen Landgraf erschien es unrecht, jemanden wegen seines Glaubens hinzurichten. Über diesem Zwist blieb der Delinquent erst im Eisenacher Stadtturm, dann auf der Wartburg gefangen. Sein Verlies befand sich angeblich im Südturm, wo man viel später seinen in Stein eingeritzten Namen entdeckte. Auch ist überliefert, dass die Burg durch Erbes Alarm vor einer Feuersbrunst gerettet werden konnte; genützt hat ihm diese Wachsamkeit nichts. Nach insgesamt 15

Luther wirft sein Tintenfass gegen den Teufel, Julius Hübner, 1850

Luther übersetzt auf der Wartburg die Bibel, Paul Thumann, 1872

II. Auf dem Weg zum nationalen Sinnbild

Luther auf der Jagd, Relief am Eisenacher Lutherdenkmal von Adolf Donndorf, 1889

Die Wartburg von Osten, Kupferstich, Wilhelm Richter, 1690

Jahren Gefangenschaft starb der Täufer 1548 in seinem Kerker, sein Leichnam wurde auf dem wahrscheinlich schon wüsten Elisabethplan unterhalb der Wartburg eher entsorgt als begraben. Als Märtyrer, dessen Schicksal anders als das der meisten Täufer bezeugt ist, wird Fritz Erbe bis heute von Angehörigen freikirchlicher Vereinigungen, zumal von Baptisten und Mennoniten verehrt. Letztere wurden 2010 durch die Lutherische Vollversammlung offiziell um Vergebung gebeten für das Leid, das man den Täufern im 16. und 17. Jahrhundert zugefügt hat. Wie dicht jedoch alles Wohl und Wehe, das Recht des Einen mit dem Unrecht am Anderen verflochten ist, zeigt wohl kaum ein anderer Ort so eindringlich wie die Wartburg.

Erhalt, Verfall und romantische Verklärung

Wenn Architektenpläne in der Schublade liegen bleiben, ist das manchmal besser. Aus welchen Gründen auch immer unterblieb so jedenfalls der festungsartige Ausbau der Wartburg, den sich Kurfürst Johann Friedrich der Großmütige vorgenommen und damit seinen Hofbaumeister beauftragt hatte. Nicht dass Nickel Grohmann unfähig gewesen wäre. Ganz im Gegenteil verdankt ihm beispielsweise das Torgauer Schloss Hartenfels seine Kapelle, den ersten protestantischen Kirchenbau in Deutschland, und viele thüringische Orte wären ärmer ohne seine Renaissancearchitektur. Auf der Wartburg beschränkte er sich dagegen aufs letztlich Notwendige.

Erheblicher waren die Veränderungen unter Herzog Johann Ernst, dem Enkel des letzten ernestinischen Kurfürsten. Durch beständig vorgenommene Landesteilungen gebot er nur über ein kleineres Gebiet um Eisenach und zog während des Dreißigjährigen Krieges seiner Stadtresidenz wohl öfter die Sicherheit der Wartburg vor. Allerdings gelangten auch dieses Mal nicht alle zweckbaulichen Pläne zur Ausführung; befestigt wurde vor allem die Nordseite mit einer starken Bastion. Den Räumen im Innern suchte Johann Ernst mehr Wohnlichkeit abzugewinnen, die Kapelle erfuhr einen neuen Aufputz im Stil des Barock. Später erinnerte dort das Schwert Bernhards von Weimar an einen der tüchtigsten Mitstreiter des Schwedenkönigs Gustav Adolf und an die erbitterten Kämpfe um Macht und Konfession.

Dass die Wartburg weiterhin als Landesfestung und »anderen occurentiven« dienen könne, meinte man noch ausgangs des 17. Jahrhunderts. Jedoch wurde zunehmend halbherzig repariert, ehe schließlich die Anlage ganz ihrem Verfall entgegen zu dämmern schien. Was der Zahn der Zeit zernagt, was durch Sturm zu Schaden gekommen, stürzte entweder von allein in sich zusammen oder wurde der Billigkeit halber einfach abgerissen. Namentlich im zu Ende gehenden 18. Jahrhundert ging Unwiederbringliches verloren. So verschwanden die alte Hofstube auf dem Gelände der heutigen Dirnitz, der letzte Stumpf vom Bergfried und endlich auch das gemalte Haus Friedrichs des Freidigen. Minister Goethe, der sich 1777 in Eisenach aufhielt und den langatmigen Sitzungen der Landstände für einige Tage auf die Wartburg entfloh, hatte noch zum Stift gegriffen und das Gebäude auf einem Blatt festgehalten. Er zeichnete auch das vor der Zugbrücke gelegene Bollwerk, wovon wir durch ihn eine Vorstellung haben.

Dabei war die Burg ihren Besitzern – seit 1741 das Herzoghaus Sachsen-Weimar-Eisenach – nicht etwa gleichgültig. In den Akten ist vom »Denkmal des Altertums« die Rede, »das fernerhin conserviert werde« die Rede, doch scheiterte der gute Willen an den notorisch leeren Kassen in Weimar. Von dort kamen vor allem geistige Impulse. Goethes Entzücken beim Anblick des Straßburger Münsters, die Gedanken über arteigene Herkunft, Dichtung, Sprache und nationale Kultur, denen Herder nachging, oder Wielands Interesse an den ‚rätselhaften Alterthümern des Vaterlands' wie der Klosterruine Paulinzella sensibilisierten den Blick fürs deutsche Mittelalter. Zur Pragmatik der Aufklärung gesellte sich die Romantik. Friedrich Schlegel, einer ihrer führenden Theoretiker, erstieg im Frühjahr 1802 die mehr oder minder ruinöse Wartburg und schwor, nichts Schöneres in Deutschland zu kennen. »Wenn man solche Gegenstände sieht«, schrieb er, »so kann man nicht umhin sich zu erinnern, was die Deutschen ehedem waren, da der Mann noch ein Vaterland hatte. Seitdem nun die Menschen herabgezogen sind zueinander und sich alles um die Landstraßen versammelt hat, gierig nach fremden Sitten wie nach fremden Gelde, stehen die Höhen und Burgen verlassen und

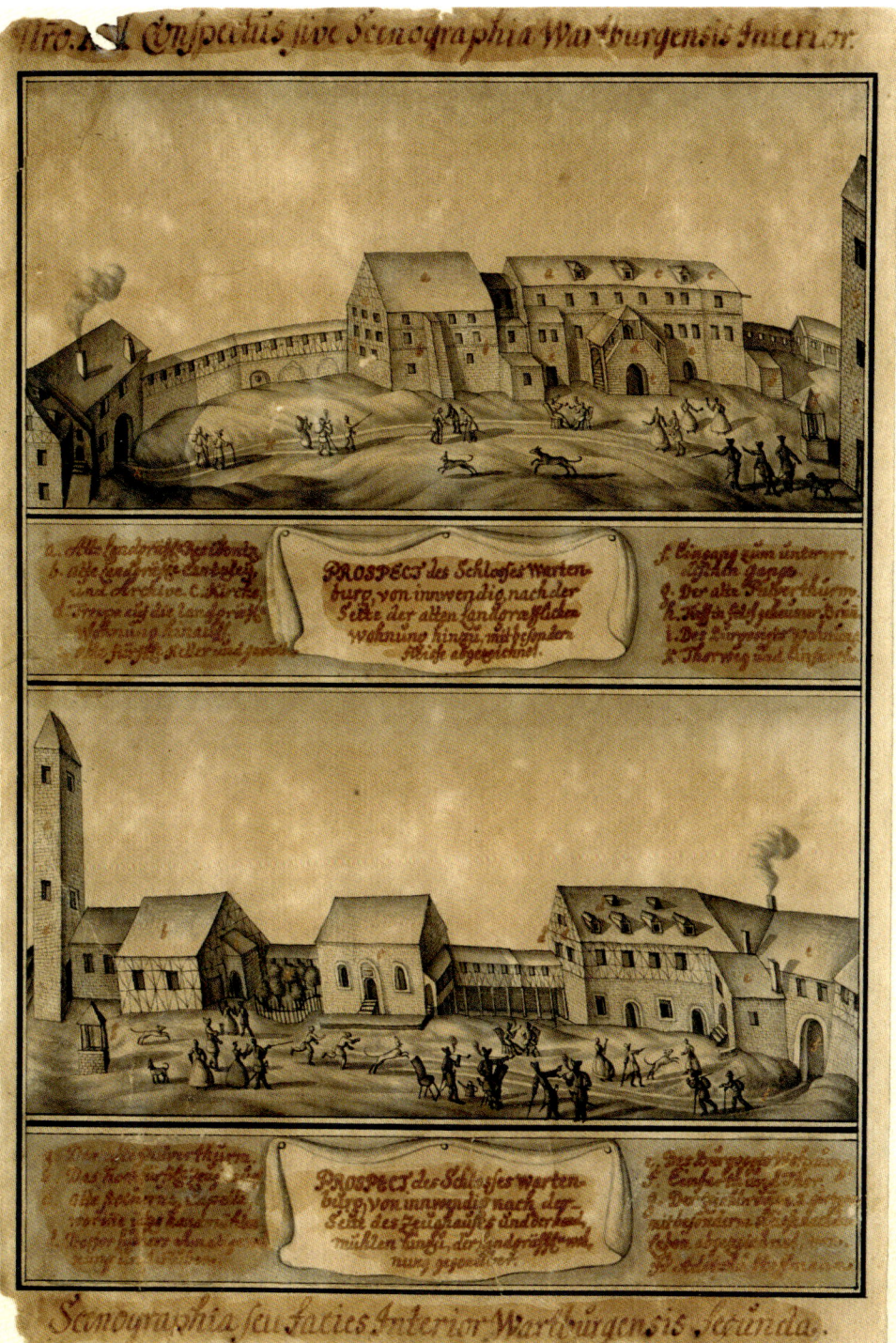

Prospekt der Innenhöfe der Wartburg, Friedrich Adolph Hoffmann, um 1750

die Kunst scheint verloren, dieses herrliche Land auf die edelste und angemessenste Weise zu bewohnen und zu beherrschen.« Seine Begeisterung teilte Schlegel mit vielen Gleichgesinnten, die ganz ähnliche Gedanken in das seit 1803 ausliegende Stammbuch der Wartburg niederschrieben. Maler entdeckten sie als reizvolles Motiv in der Landschaft, Dichter widmeten ihr überschwängliche

Die Wartburg von Norden, Monogrammist A. Ch., nach 1782

Das Bollwerk vor der Zugbrücke, Johann Wolfgang von Goethe, 1777

Verse, gedruckte Führer erklärten den immer zahlreicheren Interessenten ihre Geschichte.

Die Romantik entwarf ein Idealbild des fernen, in seinen Zeugnissen jedoch vielgestaltig gegenwärtigen Mittelalters, sah darin nicht nur künstlerisches Schöpfertum und Sinnesfreude, sondern auch gesellschaftliche Harmonie – eben jenes verklärte »Vaterland« des Heiligen Römischen Reiches Deutscher Nation, das sich nach tausendjährigem Bestehen soeben sang- und klanglos auflöste. Die Wartburg als Hort der Kunst und des Glaubens wurde immer mehr zum Sinnbild der Nation, zum Heiligtum der Deutschen.

… und die Wartburg wird künftig noch manchen Pilger mehr zählen – Goethes museale Ideen

Mit Pilgern hatte es angefangen. Luthers Patmos war seit dem späten 16. Jahrhundert Ziel zahlreicher Anhänger, die dann andächtig darin verweilten und gelegentlich ihre Spuren hinterließen. Zunehmend begannen sie sich auch für die übrigen »Merkwürdigkeiten« der Burg zu interessieren: die Kapelle, wo Luther angeblich gepredigt, das Bett, in dem Sankt Elisabeth geschlafen haben sollte, das Zeughaus mit seinen altertümlichen Rüstungen und Waffen. Letztere stammten aus dem um 1800 geräumten Weimarer Arsenal. Alles Minderwertige war in die Requisitenkammer des Theaters gewandert, die kostbarsten Stücke aus altem Bestand der Ernestiner stellte man auf der Wartburg auf. Ob der Dichter daran Anteil hatte, ist fraglich. Wenngleich er um ihre Historie wusste, wollte er an den alten Gemäuern keinen rechten Gefallen finden. Vielmehr begeisterte Goethe die herrliche Landschaft, die sich rundum ausbreitete. »Hieroben! Wenn ich Ihnen nur diesen Blick, der mich nur kostet aufzustehen vom Stuhl, hinübersegnen könnte«, schrieb er an Charlotte von Stein. »In dem grausen, linden Dämmer des Monds die tiefen Gründe, Wiesgen, Büsche, Wälder und Waldblößen, die Felsenabhänge davor, und hinten die Wände, und wie der Schatten des Schloßbergs und Schloßes unten alles finster hält und drüben an den sachten Wänden sich noch anfaßt. Wie die nackten Felsspitzen im Monde sich röten und die lieblichen Auen und Täler ferner hinunter, und das weite Thüringen hinterwärts im Dämmer sich dem Himmel mischt… Wenns möglich ist zu zeichnen, wähl ich mir ein beschränkt Eckchen, denn die Natur ist zu weit herrlich hier auf jeden Blick hinaus.«

Eckchen fanden sich reichlich. Doch Goethe faszinierten weniger architektonische Details. Das dem Untergang geweihte Bollwerk oder das altersschwache Fachwerkgebäude, das bald darauf fiel, bildeten Ausnahmen. Meist zeichnete er wogende Wipfel, krauses Gestrüpp, Gestein oder solche absonderlichen Felsformationen wie Mönch und Nonne in nächster Nachbarschaft. Ihre Sage von zwei sich liebenden Klosterkindern hatte Wieland in sein Gedicht von »Sixt und Klärchen« gegossen und das imposante Naturdenkmal damit populär gemacht.

Des Dichters Gleichgültigkeit gegenüber der doch so geschichtsbeladenen Burg muss nicht verwundern, erschien sie doch »als eine unregelmäßige Häusermasse, deren höchster und ältester Teil weit mehr einem Speicher ähnlich sah, als einer fürstlichen Herrenburg. Die hohen, gewaltigen, alten Mauern, deren lukenartige Fenster, deren niedriges Dach offenbar erst einer späteren Zeit ihre Entstehung verdankten, gaben wenig Neugier, das Innere zu sehen, in welchem man dann plötzlich von byzantinischen Säulen überrascht wurde, deren fremdartige Sculptur traurig und zerbröckelnd

Südturm der Wartburg, August von Wille, 1859

Zug der Burschen auf die Wartburg am 18. Oktober 1817, Heinrich Hose, undatiert

aus der wüsten Umgebung hervorschaute.« Nüchtern, ohne jegliche Naturschwärmerei erwähnte der Schriftsteller Adolf Stahr 1826 noch den »halb zerstörten Wartthurm«, einen Neubau von »kleinlichem Geschmack« und ein »wunderliches Gemisch von kleineren und größeren Gebäuden«.

Um direkte Belange der Wartburg ging es dem Geheimrat erst 1815, als man auf dem Dachboden des Blankenhainer Schlosses in der Nähe von Weimar und Jena einige mittelalterliche Altarfiguren barg und einen würdigen Platz dafür suchte. Hier wartete er mit dem Vorschlag auf, man möge die qualitätvollen Stücke doch in der Wartburgkapelle aufstellen und so »jenem Ritterschloß abermals eine analoge Zierde geben... Bei der gegenwärtigen Liebe und Leidenschaft zu den Resten der alten deutschen Kunst ist die Aquisition von Bedeutung und die Wartburg wird künftig noch manchen Pilger mehr zählen.« Goethes Idee, das vermutlich recht öde, zum Teil verwahrloste Innere des Palas museal aufzuwerten, wirkt modern, war in diesem Fall aber keineswegs so neu. Es werden eben gern prominente Namen genannt, auch wenn die Pläne dann im Sande verlaufen. Jedenfalls schlug Goethes Herz fürs Mittelalter nur vorübergehend. Andere, etwa Kammerrat von Thon oder Baurat Sältzer, bemühten sich ihrerseits in derselben Richtung und erwiesen sich darin auch beständiger als der Geheimrat. Mit dem 19. Jahrhundert zog für die Wartburg eine neue Morgenröte herauf.

Freiheit, Ehre, Vaterland – Das Wartburgfest der deutschen Burschenschaften

Die Glocken der Eisenacher Georgenkirche läuteten einen sonnigen Herbsttag ein, als sich am 18. Oktober 1817 vom Markt aus ein Zug von etwa 500 Studenten bergan zur Wartburg in Gang setzte. Am altehrwürdigen Ort wollten sie den vierten Jahrestag der Leipziger Völkerschlacht und das 300. Reformationsfest feierlich begehen.

Nur auf den ersten Blick sind die beiden Jubiläen grundverschieden; hier wie dort ging es um Freiheit – beim einen um die des Geistes, beim anderen um die Befreiung der Deutschen aus der Zwingherrschaft Napoleons. Siegesfeuer auf Bergeshöhen waren an diesem Gedenktag bereits allerorten zur Tradition geworden, namentlich auf der Wartburg. In ihr sahen schon seit geraumer Zeit viele ein Szenarium deutscher Identität, was sich in der Literatur und in den Stammbüchern widerspiegelt. »Mit dem traurigen Gefühl verlorener Selbständigkeit und Kraft verließ am 12. März 1811 die Wartburg ein Deutscher«, vermerkte hier ein anonymer Schreiber, während 1815 ein anderer »den Himmel über Sachsen, Preußen, Bayern, Württemberg und Österreich sich wölben« sah und resigniert fragte, wo denn nun Deutschland sei. Geradezu sakrale Bedeutung besaß die Burg für den Turnvater Friedrich Ludwig Jahn, der 1814 hier anhielt, um »mit freudigem Mute« zu beten »Unser Reich komme«, und »für Volk und Vaterland keinen Gedanken zu hoch, keine Arbeit zu langsam und mühevoll, keine Unternehmung zu kleinlich, keine Tat zu gewagt und kein Opfer zu groß« erachtete.

Ob das Datum des Wartburgfestes mit Goethes Anregung korrespondiert hat, der Luthers Thesenanschlag und die Leipziger Völkerschlacht zu einem neu dimensionierten Nationalfeiertag vereinen wollte und dafür den 18. Oktober vorschlug – wer weiß. Sinngemäß hat das studentische Fest diese Idee erfüllt. Unerfüllt geblieben waren dagegen die Versprechen der deutschen Fürsten. Es wird wohl kaum Zufall gewesen sein, dass sich fast zeitgleich mit dem Wiener Kongress,

Freudenfeuer auf der Wartburg, Friedrich Heerwarth, 1814

wo die gekrönten Häupter zur Neuaufteilung Europas schritten und den Deutschen Bund aus der Taufe hoben, an den Universitäten eine junge bürgerliche Opposition zu formieren begann. Vorreiter war hierbei Jena. Die bisher üblichen Landsmannschaften lösten sich dort auf und vereinten sich im Juni 1815 zur sogenannten Urburschenschaft. Sie initiierte auch das Treffen in Eisenach; ihrer Einladung folgten ca. 500 Studenten aus teils weit entfernten Universitäten. Das heißt, dass von damals rund achttausend Jüngern der Wissenschaften und Künste jeder 20. den Weg auf sich nahm – immerhin über 6%.

Zum »Wiedergeburtsfest des freien Gedankens« begrüßte denn auch der Jenaer Theologiestudent und Festredner Heinrich Riemann die Versammelten im dämmrigen, aller einstigen Zierde ledigen Palassaal. »Hier oben auf der Wartburg ist der rechte Ort, das Bild der Vergangenheit uns vor die Seele zu rufen, um aus ihr Kraft zu schöpfen für die lebendige Tat in der Gegenwart... unserem Volk zu zeigen, was es von seiner Jugend zu hoffen hat, welcher Geist sie beseelt, wie Eintracht und Brudersinn von uns geehrt werden, wie wir ringen und streben den Geist der Zeit zu verstehen, der mit Flammenzügen in den Taten der jüngsten Vergangenheit sich uns kundtut... Der Gottesglaube aber, dessen Reinheit Luther uns wiedergegeben hat, kann nur dann dem Menschen das werden, was er sein soll, wenn er fußet im vaterländischen Boden, wenn er seine Anwendung findet im Vaterlande...« Ein einiges, freies Vaterland aber hatten sich die jungen Patrioten, darunter zahlreiche Freiwillige in deutschen Regimentern wie dem Lützow'schen, anders vorgestellt als das soeben entstandene Konstrukt des Deutschen Bundes. Entsprechend feierte die Festgemeinde ihren Schirmherrn, Großherzog Carl August von Sachsen-Weimar-Eisenach. Er hatte den Studenten nicht nur die Wartburg gastlich geöffnet, sondern auch als nahezu einziger Fürst seinem Land die in Kriegsnöten versprochene Verfassung mit Presse- und Versammlungsfreiheit gewährt.

Ihren folgenschweren Höhepunkt fand die Veranstaltung erst am Abend auf dem der Burg gegenüber liegenden Wartenberg. Hier weitete sich das Studententreffen zum »Allerdeutschenfest«, wo zwischen Geselligkeit, Tanz und Budenzauber auch ein prächtiges Freudenfeuer loderte. Noch einmal ergriff ein Jenaer Redner das Wort; Ludwig Rödigers politisch explosiver Appell an die Deutschen wurde von der Verbrennung eines preußischen Schnürleibs, eines hessischen Zopfs und eines österreichischen Korporalstocks begleitet, allesamt besonders verhasste Attribute des Staatswesens. Beim Autodafé beschwor man Luthers brachiale Antwort auf die Bannandrohungsbulle und warf dabei missliebige Bücher in die Glut. »So wollen auch wir durch die Flammen verzehren lassen das Angedenken derer, so das Vaterland geschändet haben, durch ihre Rede und Tat, und die Freiheit geknechtet und die Wahrheit und Tugend verleugnet haben in Leben und Schriften.« Die meisten Titel sind längst vergessen, und nicht alle hatten den Scheiterhaufen verdient.

Dem Wartburgfest, der in Deutschlands Geschichte ersten öffentlichen Kundgebung des Bürgertums, folgte ein übles Nachspiel. Vor allem Preußen und Österreich intervenierten beim Weimarischen Großherzog. Carl August, unter dessen vergleichsweise liberaler Regierung die Jenaer Burschen ein fürstliches Wohlwollen wie nirgendwo sonst genossen, musste sich einer Flut von Vorwürfen und Verdächtigungen erwehren. Am Ende kapitulierte auch er. Die Burschenschaften wurden deutschlandweit verboten, die Universitäten unter Kuratel gestellt. Verschrien waren vor allem Jena als »kleine Brutanstalt des Jacobinismus« und die Wartburg, auf der die vermeintliche »Staatsverschwörung« stattgefunden hatte, und die in den Ohren der Monarchen noch lange ein Reizwort blieb.

Doch litt darunter weder die gewachsene Popularität der Burg, noch ließ sich der Drang nach Freiheit und Demokratie durch die 1819 in Karlsbad beschlossenen Knebelgesetze und die anschließende Demagogenverfolgung auf Dauer unterbinden. »Ganz Deutschland ist eine Wartburg«, schrieb nun ein Anonymus ins Gästebuch und stellte den Ort in einen neuen Zusammenhang des Vormärz. Zu den revolutionären Ereignissen des Jahres 1848 gehörte daher ein zweites Wartburgfest, dieses Mal mit annähernd 2000 Teilnehmern. Nach dem Vorbild des Frankfurter Parlaments berieten sie über die Zukunft der deutschen Hochschulen und die Notwendigkeit freier Lehre, Forschung und Wissenschaft. Die an die Paulskirche entsandte Petition blieb unbeachtet, viele der damals formulierten Forderungen sind nie erfüllt worden.

III Das Nationaldenkmal

Die Wartburg, welche Fülle von Erinnerungen knüpft sich für jeden Deutschen an diesen Namen –
Wiedergeburt und Gesamtkunstwerk

Nach zaghaften Anfängen in einer Zeit, da sich so etwas wie Denkmalpflege erst herauszubilden begann, soll das entscheidende Wort für die Wartburg 1838 gefallen sein: Während eines Rundgangs durch den düsteren Palassaal ermutigte die Großherzogin Maria Pawlowna ihren 20jährigen Sohn dazu, »dies alles doch einmal wiederherzustellen«. Ihre Idee fiel auf fruchtbaren Boden. Der traditionsbewusste Erbprinz Carl Alexander, der den Glanz der Weimarer Klassik noch selbst erlebt, den alten Genius Goethe noch persönlich gekannt hatte, verfolgte in der Tat große Ziele. Nicht nur die Residenzstadt an der Ilm sollte nach dem sogenannten goldenen Zeitalter eine »silberne« Renaissance erleben; auch den hehren Sitz seiner Ahnen gedachte er instand zu setzen und wiederzubeleben.

»Mein Bruder beschäftigt sich viel mit den Reparaturen der Wartburg«, schrieb die künftige Kaiserin Augusta im Juli 1840 an ihren Schwager, König Friedrich Wilhelm IV. von Preußen, der sich soeben anschickte, den Kölner Dom vollenden zu lassen, und bemerkte weiter: »Dazu gehört aber Einsicht und – Geld, und da mein Bruder von ersterer mehr als von letzterem zu besitzen scheint, wird die Reparatur zweckmäßig, aber sehr langsam vonstatten gehen.« Augustas Prognose bewahrheitete sich; für das nächste halbe Jahrhundert blieb die Anlage eine Baustelle. Nacheinander versuchten sich der Eisenacher Baurat Sältzer, der Kunstmaler Carl Alexander Simon aus Weimar, der Architekt der Münchener Bonifatiusbasilika Georg Ziebland sowie der preußische Landeskonservator Ferdinand von Quast an Plänen und Entwürfen – mehr und weniger intensiv.

Der gute Geist des Vorhabens fand sich unterdessen im neuen Burgkommandanten Bernhard von Arnswald. Von 1840 bis zu seinem Tod 1877 wohnte er auf der Burg, ja machte sie zu seinem Lebensinhalt. Während dieses Vierteljahrhunderts mauserte sich der anfangs verträumt beschauliche »Wirtschaftshof« mit seinen Pferden, Kühen und Hühnern, mit Knechten und Mägden, mit Bierausschank und Kegelbahn fürs Volk nach und nach zur rundum erneuerten »Burg des Lichts«. Ausgebildet als Forstmann, Offizier und Kammerjunker, kümmerte sich der Burgkommandant um den Fortgang von Bau und Innenausstattung wie auch um die damit Beschäftigten, betreute Hoflager und hohe Gäste, bemühte sich um die Rüstkammer und eine zunehmend reicher werdende Kunstsammlung. Arnswalds musischer Begabung verdanken sich nicht nur beredte Berichte und Anekdoten, auch in zahllosen kleinen Bildwerken bewies er ein waches Auge fürs Alltägliche und hielt in ihnen ein breitgefächertes Stück Kulturgeschichte fest.

Als man den feinsinnigen Schlossverwalter berief, ihm ein »gottesfürchtiges, nüchternes und mäßiges Leben« anwies und empfahl, »die Gewohnheit häufiger Begehrnisse von Zulagen oder Bewerbungen um Rang und Titel« zu vergessen, hatte Baurat Sältzer gerade mit der Sicherung des einsturzgefährdeten Palas begonnen. Carl Alexander Simon, eher kühn philosophierender Seiteneinsteiger und durchdrungen von nationalromantischen Ideen, legte derweil das erste Gesamtkonzept vor. Neben seinem Pantheonsgedanken, der eine Kapelle mit dem »Grabmal des Wartburggründers« vorsah, flankiert von Kreuzgängen, »worin die Fürsten, die Dichter und Weisen ruhen«, diskutierte man auch eine »vaterländische Zentralgalerie« und einen himmelanstrebenden »Lutherturm«. Aber weder diese Pläne, noch die Quast'schen Phantasien vom Mär-

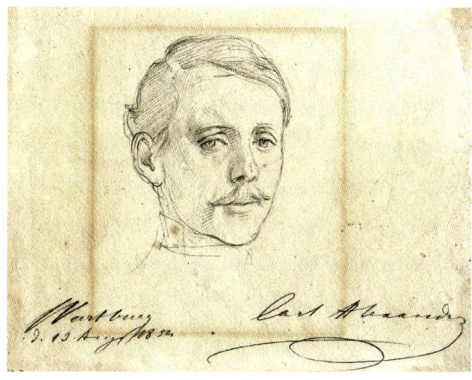

Erbgroßherzog Carl Alexander von Sachsen-Weimar-Eisenach, Moritz von Schwind, 1853

chenschloss fanden die endgültige Zustimmung des Bauherrn. Die Burg hätte so an Ursprünglichkeit verloren, wäre nicht mehr geworden, als die »sogenannten Restaurationen von Ritterburgen, welche uns in angenehmer Täuschung einen Augenblick von der Vorzeit träumen lassen.« Diese Ansicht vertrat zumindest der Gießener Architekturprofessor Hugo von Ritgen in einer Carl Alexander überreichten Denkschrift. In ihr offenbarte sich der Plan einer geschickten Kombination aus Fürstenresidenz und Nationaldenkmal. Ritgens eingehende Beschäftigung mit dem mittelalterlichen Burgenbau, der Wille Vorhandenes zu erhalten und die Fähigkeit einfühlsam schöpferischer Nachahmung schienen ihn für das Amt des leitenden Architekten zu prädestinieren; ab 1850 lag das gesamte Projekt in seinen Händen.

Zunächst übernahm er die weitere Palasrestaurierung. Sie war zwei Jahre später abgeschlossen, während sich die künstlerische Gestaltung der Innenräume hinzog und durchaus nicht immer zur Zufriedenheit des Baumeisters ausfiel. Kaum einigen konnte er sich zum Beispiel mit dem schwierig veranlagten Maler Moritz von Schwind, der die landgräfliche Geschichte samt Sängerkrieg und

Entwurf zur Wiederherstellung der Wartburg, Aquarell von Carl Alexander Simon, 1839

Moritz von Schwind malt in der Elisabethgalerie, Bernhard von Arnswald, 1854

heiliger Elisabeth darstellen sollte. Die ihm zugewiesenen Räume, über die er mit Ritgen feilschte und stritt, wurden unter seinem Pinsel indes zu wirklichen Schmuckstücken des Palas. Als besonders aufwändig für alle Gewerke erwies sich der Festsaal, der lange Zeit nur noch als Boden benutzt, vernachlässigt worden und völlig neu zu konzipieren war. Aus der Annahme ursprünglichen Prunks entwickelte Ritgen hier ein diffiziles Programm, das den »Siegeszug des Christentums« und seinen Triumph über den heidnischen Aberglauben mit Größen der mittelalterlichen Landgrafendynastie verband. Der Kölner Historienmaler Michael Welter und der Bildhauer Konrad Knoll setzten Ritgens Ideen getreulich um und verwirklichten damit ein außerordentlich qualitätvolles Ensemble des Historismus.

Seinen eifrigsten Bewunderer fand der Wartburgsaal in König Ludwig II. von Bayern: »Jede Wand den Geist jener Zeit atmend, was in wenigen Stunden jene Mauern mit ihrer reichen, verschwenderischen Bilderpracht dem Andächtigen, weihevoll Gestimmten erzählen und künden, das lernt der Büchermensch, der trockene, kalte, nicht in Reihen von Jahren. Erquickung hast du nie gewonnen, wenn sie dir nicht aus eigner Seele quillt. In Wonnezähren entbrannte das Auge, Tannhäuser mir vorgeschwebt, Elisabeths Jauchzen und jubelnde Freude bei Seinem Nahen, bei dem ersten Betreten des Sängersaales nach so langer, schmerzlicher Trennung: was nie gelebt, das lebt zu allen Zeiten«, schrieb der Monarch nach seinem Besuch im Juni 1867 in sein Tagebuch. Dass Schwind den »Sängersaal« eigentlich längst im Stockwerk darunter erfunden hatte, scherte den Märchenkönig nicht. Wenig später notierte er den Plan der getreuen Nachahmung des Saales, »im romanischen Styl, dem poesievollen, blühenden, christlich tief symbolischen«, auf seinem Schloss Neuschwanstein, und Welter bekam einen neuen Auftraggeber.

Ab 1853 schlossen sich allmählich auch die Baulücken der Burganlage. Nach vier Jahren konnte das Richtfest des neuen Bergfrieds gefeiert werden, 1859 erhielt der eher einem Campanile ähnelnde Hauptturm sein goldenes Kreuz, das zum Wahrzeichen der Wartburg wurde. Unmittelbar daneben wuchs gleichzeitig die Neue Kemenate empor, als Fürstenwohnung reich ausgemalt und durch erlesene Spolien wie das sogenannte Schweizer Zimmer mit dem Hauch jahrhundertealter Geschichtlichkeit versehen. Bis zum feierlich begangenen Gründungsjubiläum der Wartburg 1867 waren die neoromanische Torhalle und die Dirnitz im neugotischen Gepräge vollendet, letztere mit einem hohen Saal für die Rüstsammlung. Weniger spektakulär zeigten sich Reparaturen an Ring- und Stützmauern, der Umbau des Brauhauses in ein großherzogliches Gästehaus oder diverse Maßnahmen in der Vogtei, die mit der Einrichtung dreier Schauräume neben der Lutherstube zum Denkmal der Reformation aufgewertet werden sollte. Eingangs zitierte Geldsorgen gab es immer wieder. Zu Ritgens Leidwesen fiel dadurch auch mancher Plan dem Rotstift anheim. Oft standen dem Projekt allerdings die vermögenden Damen des Hauses Sachsen-Weimar-Eisenach hilfreich zur Seite, die russische Zarentochter und Großfürstin Maria Pawlowna und die niederländische Prinzessin Sophie von Oranien-Nassau, Carl Alexanders Gemahlin.

Vielfalt und Fülle der Dinge, denen sich Ritgen zuwandte, sind erstaunlich. Neben Entwürfen für Um- und Neubauten zeichnete er Möbel, kunsthandwerkliche Textilien und Gebrauchsgegenstände sowie Wandabwicklungen bis hin zu vollständigen Interieurs. Das zuletzt in Angriff ge-

Entwurf zur Wiederherstellung der Wartburg, Ferdinand von Quast, 1846

Und diese Bergeshöhe war Deutschlands Nationalheiligtum – Kaiserkunst, Massentourismus und Wartburgesel

Carl Alexanders hehres, in der Wartburg verkörpertes Ideal, gleichermaßen herrschaftslegitimierend, geistig anspruchsvoll und auf illusionäre Harmonisierung zwischen Vergangenheit und Gegenwart gerichtet, mag im Zeitalter der Moderne anachronistisch gewirkt haben. Reiz und Anziehungskraft verlor der Ort deshalb keineswegs. Das Fin de Siécle war im deutschen Kaiserreich geprägt von liberalem, national-patriotischem, zunehmend nationalistischem Überschwang. Zahlreiche Denkmale schossen nach der Reichsgründung 1871 aus dem Boden, um Nationalstolz und Ehrfurcht vor der preußischen Monarchie zu demonstrieren. Trotz viel differenzierter Intentionen, die den 1901 verstorbenen Großherzog bewegt hatten, war die Wartburg durchaus in diese Reihe einzugliedern. Die deutschen Kaiser kamen öfter nach Eisenach, um ihren nahen Weimarer Verwandten zu besuchen. Nach Carl Alexanders Tod drückte Wilhelm II. dem eigentlich vollendeten Palas den Stempel

Transport des steinernen Löwen für den Palasgiebel, Bernhard von Arnswald, undatiert

nommene Ritterbad an der Südseite des Palas erlebte er wohl nur noch als Baustelle, bevor er 1889 in seiner Heimatstadt Gießen starb. Sein Werk bedachte die Nachwelt mit Lob wie mit Tadel. Sicher mag dem Baumeister der eine oder andere Missgriff unterlaufen sein. Führt man sich jedoch das seinerzeit begrenzte Wissen ums deutsche Mittelalter vor Augen, das eben erst erwachte Interesse an den einstmals stolzen Burgen »der Vorzeit«, deren Restaurationen im 19. Jahrhundert gewöhnlich von romantischer Schwärmerei geleitet wurden, so sind hier Methodik und Kühnheit des Herangehens jeder Würdigung wohl wert.

An seinem Lebensende im Januar 1901 war die Wartburg zu dem geworden, was dem jungen Carl Alexander noch höchst diffus vorgeschwebt, im Laufe der Zeit aber immer schärfere Konturen angenommen hatte: nicht nur Bau- und Geschichtsdenkmal, museale Weihestätte und Fürstenresidenz, sondern ein lebendiges Gesamtkunstwerk. Unter den viel strapazierten Begriff fasste der feinsinnige Großherzog auch Literatur und Musik. Nicht immer ganz zweckfrei pflegte er regen Verkehr mit bekannten Schriftstellern, umwarb wie einst Landgraf Hermann in nun freilich antiquiertem mäzenatischen Denken Bestsellerautoren wie Victor von Scheffel, von dem er einen Wartburgroman erwartete, mit Angeboten und Orden. Im Vergleich zu solchen Reverenzen war dem Erbprinzen Richard Wagners Tannhäuser-Oper, die »Thüringens Krone« in alle Welt trug, geradezu in den

Schoß gefallen. Für den bis dahin nicht eben erfolgsverwöhnten Komponisten erwies sich die 1849 von Franz Liszt geleitete Aufführung in Weimar als Tor zum Ruhm, für die Residenzstadt als grandioser Auftakt zu neuer Ära, und für das Bergschloss über Eisenach war eine »lokale Nationaloper« geboren. Es ist nicht ganz von der Hand zu weisen, dass der langjährige Hofkapellmeister Liszt seine mittelalterliche Landsmännin, die von Wagner doch sehr freihändig interpretierte heilige Elisabeth, mit seinem gleichnamigen Oratorium »rehabilitieren« wollte. Vermutlich hatte es des großherzoglichen Impulses dazu nicht bedurft, doch strukturierte er sein Werk nach dem Schwind'schen Zyklus, sah in Carl Alexander den »Ehrenpaten der Partitur« und dirigierte das Tonstück zur Jubelfeier der Burg 1867 im Festsaal des Palas.

Das »Gesamtkunstwerk« Wartburg nahm also die Kraft aller Künste zusammen, um selber Wirklichkeit zu werden – als artistische Version einer vom Bauherrn vertretenen Weltsicht. Bemerkenswerterweise hob sich die vom »Monplaisir« anderer Fürsten ab: »Bedeutungsvoll ist in unserer Nation das Gefühl des Eigentumsrechtes an der Burg, dem Hause Weimar aber eine Erbschaft zuteil geworden, für die es dem Himmel nicht genug dankbar sein kann. Seinen Fürsten steht die Wartburg vor Augen als eine unablässig ernste Mahnung an die idealen Aufgaben, deren Erfüllung das Vaterland und die ganze gebildete Welt von ihnen, den Trägern so großer Überlieferungen, erwarten.«

Erster Burghof nach Süden: Die Lutherburg trotzt dem Papsttum, Bernhard von Arnswald, nach 1865

Die Burgkapelle im Festschmuck, Bernhard von Arnswald, nach 1853

Eselsritt zur Wartburg, Ansichtskarte um 1890

wilhelminischer Präsenz auf. Sein Geschenk, das goldglitzernde Mosaik in der Elisabethkemenate, war ganz und gar »Kaiserkunst« – von Kennern als Stilbruch kritisiert, dem Publikum jedoch höchst bewundernswert.

Hatte Burgkommandant von Arnswald 1860 noch von rund 20 Tausend Besuchern im Jahr gesprochen, so begann sein Nachfolger Hans Lucas von Cranach – Abkömmling des berühmten Renaissancemalers – 1894 mit der exakten Zählung. Zur Jahrhundertwende vermerkte er 62 Tausend Gäste, 1913 waren es schon Hunderttausend mehr und 1925 war die Marke von 200 Tausend überschritten. Die rasante Entwicklung des Schienenverkehrs und des Automobils beförderten den Tourismus in der Wartburgstadt. Für den regen Zuspruch reichte der um 1860 von Ritgen errichtete Gasthof unterhalb der Burganlage bald nicht mehr aus. An seine Stelle trat zwischen 1912 bis 1914 das Wartburghotel, gekonnt entworfen in einheimischer Fachwerkarchitektur von dem bekannten Burgenforscher Bodo Ebhardt. Mit verbreiterter Zufahrtsstraße und der Anlage eines großzügigen Parkplatzes trug man Ende der 1920er Jahre auch der wachsenden Blechlawine Rechnung. Stück für Stück schon hatten die technischen Segnungen der neuen Zeit Einzug in die Wartburg gehalten. Bereits 1887 erhielt sie ihre eigene Wasserleitung, die vom höher gelegenen Quellgebiet bei Ruhla über 24 Kilometer in den im Bergfried installierten Ausgleichsbehälter führt und ein Denkmal für sich darstellt. Blitzableiter minderten seit 1881 die Brandgefahr, 1893 wurde die Burg an das Eisenacher Fernsprechnetz angeschlossen, 1899 ging zum ersten Male das elektrische Licht an, und eine Dampfheizung sorgte für mehr Behaglichkeit in den Räumen.

Während der Wartburg künftige Besucherrekorde noch bevorstanden, bedeuteten Erster Weltkrieg und Novemberrevolution das Ende der Monarchien. Gemäß des Auseinandersetzungsvertrags zwischen dem Großherzoglichen Haus Sachsen-Weimar-Eisenach und dessen Rechtsnachfolgern wurden die gesamte Burganlage sowie das parkähnliche Waldgebiet ringsum in eine gemeinnützige Stiftung überführt. Über deren Geschicke befand ein Kuratorium, dem bis 1945 Vertreter der Stifterfamilie angehörten und das ansonsten entsprechend der jeweiligen politischen Situation zusammengesetzt war. An Geld fehlte es der neu gegründeten Institution kaum. Neben wachsenden Erträgen aus dem Führungsbetrieb finanzierten sich Denkmalpflege und Kunstankäufe zu nicht unerheblichen Teilen aus Spenden und Beitragsgebühren des gleichzeitig ins Leben gerufenen, unabhängigen Vereins der »Freunde der Wartburg«. In- und ausländische »Verehrer dieses Kleinodes« hatten sich hier zusammengeschlossen »im Bewusstsein der stolzen Aufgabe, Erhalter dieser Burg zu sein«. Zeitweilig mehr als siebentausend Mitglieder zeugen vom nationalen Symbolwert, den die Wartburg namentlich im 19. Jahrhundert erreicht hatte. Der Verein löste sich nach dem Ende des Zweiten Weltkriegs auf.

Am Fuße der »deutschesten Burg« zu wohnen, entsprach offenbar auch dem Wunsch vieler wohlhabender Pensionäre, Künstler, Dichter, Industrieller und erklärt die seit den 1860er Jahren entstandene Südstadt. Eingebettet in eine reich gegliederte, anmutige Landschaft dürfte das nahezu unverändert erhaltene Villenviertel zu den schönsten in Deutschland zählen. Als einer ersten bezog der mecklenburgische Mundartdichter Fritz Reuter 1866 sein römisch anmutendes Haus unterhalb des »Capitols der Deutschen«, wie er die Wartburg nannte, und blickte von hier aus auf die niemals langweilige »Straße Deutschlands«. Das heutige Reuter-Wagner-Museum ist noch immer ein Blickfang im Haintal, über dem stolz die Burg thront.

»Überlebt« haben auch die Wartburgesel. Der traditionelle Ritt auf den geduldigen Grautieren, an sich eine Reminiszenz an die früheren Wasserträger, begann bereits nach der Mitte des 19. Jahrhunderts am Schlossberg »zwecks Beförderung von Personen nach der Wartburg«. Das Geschäft des findigen Privatunternehmens erlebte Anfang des 20. Jahrhunderts seine Hochkonjunktur, gehört in der Sommersaison aber nach wie vor zu den Attraktionen für Kinder.

Die Burg unterm Hakenkreuz

Viel mehr als alles kommerzielle Beiwerk, das den vielbesuchten Ort längst umlagerte, lockte aber der nationale Pathos, mit dem man ihn überhäufte. »Ein Mark- und Merkstein alter Zeit, deutschem Wesen stets bereit«, hatte ein Verseschmied bereits kurz vor Kriegsbeginn 1914 über die Wartburg geschrieben, ein anderer sprach von des »deutschen Geistes Standquartier«. Wo sich so viel Deutschtum konzentrierte, war das Interesse der Nationalsozialisten auf Anhieb geweckt. Vor allem Thüringer Parteigenossen, die sich schon gegen Ende der Weimarer Republik im Stiftungsausschuss etablieren konnten, witterten hier eine exponierte Bühne für ihre Propaganda. Wenn der Thüringer Reichsstatthalter Sauckel,

Großherzog Carl Alexander mit Kaiser Wilhelm II. vor dem Wartburgpalas, 1896

Die ersten motorisierten Touristen »erfahren« die Wartburg, April 1900

seit 1934 Ausschussvorsitzender, die Wartburg zu einem »Kulturmittelpunkt des Reiches« zu machen wünschte, dachte er vor allem an Staatsempfänge und Großveranstaltungen. In Anwesenheit diverser NS-Prominenz wurden denn auch einige politische Höhepunkte des Dritten Reichs euphorisch begangen, von den Deutschen Christen prunkvoll inszenierte Lutherfeiern ebenso wie Tagungen des Reichsarbeitsdienstes und die Selbstauflösung der deutschen Burschenschaften mit ihrem Eintritt in den NS-Studentenbund. Dennoch reiften nicht alle Blütenträume der braunen Thüringer Eliten; die

Festakt im Burghof anlässlich der erstmals auf dem Bergfried aufgezogenen Hakenkreuzfahne im März 1933

Burg taugte allenfalls als trutziges Bild, nicht aber als Aufmarschplatz für Massen.

Mit Hans von der Gabelentz war 1930 ein erklärter Anhänger des neuen Regimes zum Burghauptmann berufen worden. Gern folgte man seinem Vorschlag, einen Wartburgpreis für Deutsche Dichtung auszuloben, der sich »von bisher existierenden Dichterpreisen mit jüdischem Einschlag« abgrenzen sollte. Nun schon unter der Hakenkreuzfahne fand 1933 der zweite Dichtertag statt, von dem aus »die Ritter der Wartburgrose Adolf Hitler, den schöpferischen Menschen« – seit einigen Monaten Reichskanzler – per Telegramm grüßten. Bis die Großdeutschen Dichtertreffen 1938 nach Weimar verlegt wurden, blieb die Wartburg ihr jährlicher Versammlungsort.

Widerspenstiger als Gabelentz erwies sich gegenüber Sauckels vermeintlicher Verfügungsgewalt über das Stiftungsvermögen Feodora von Sachsen-Weimar-Eisenach, Vertreterin der Stifterfamilie im Ausschuss. Ihr Veto gegen die gewünschte Spende aus »Freude über die Wiedervereinigung Österreichs mit dem Reiche« veranlasste den Vorsitzenden, das Gremium kurzerhand aufzulösen. Weithin sichtbar war die Vereinnahmung der Wartburg durch die Nationalsozialisten lediglich an vier Tagen im Frühjahr 1938, als auf Geheiß des Gauleiters ein überdimensionales Hakenkreuz auf dem Bergfried das zuvor demontierte christliche Symbol ersetzte. Während Gabelentz dieses Zeichen auf der »deutschesten Burg für eine Selbstverständlichkeit« hielt, brandeten immerhin in der Bevölkerung massive Proteste auf; der Akt wurde rückgängig gemacht. Dennoch hielt sich das originale Wahrzeichen nur noch bis November 1944, als es der Reichsstatthalter für alle Zeiten »sicherstellen« ließ, begleitet von der Propagandalüge, ein englischer Flieger habe das Kreuz gerammt.

Dabei überstand im Unterschied zu Tausenden Kulturdenkmälern gerade die Wartburg den Zweiten Weltkrieg weitgehend unbeschadet und konnte Anfang 1946 wieder geöffnet werden. Einziger »Kriegsverlust« war die hochkarätige Rüstsammlung, die sowjetische Truppen konfisziert und nach einem Zwischenlager in Eisenach abtransportiert hatten.

IV Grenzwarte und Einheitssymbol

Zentrum neuen geistigen Lebens – Die Wartburg im Zeichen von Hammer, Zirkel, Ehrenkranz

Den seit 1946 leeren Rüstsaal kommentierte der verdienstvolle Burgwart und nunmehrige Leiter der Wartburg Hermann Nebe mit dem ihm eigenen Humor: »Wir sind entrüstet, dass wir abgerüstet sind.« Beim Publikum erntete der Satz meist Gelächter, an höherer Stelle fand man ihn weniger originell und schwor den 74jährigen und seinen Stab auf eine »politisch untadelige« Präsentation der Wartburg ein. Der neu gebildete Stiftungsausschuss berief sich auf ihre humanistischen Traditionen, erklärte sie zum »Zentrum eines neuen geistigen Lebens« und ließ durch den Thüringer Landespräsidenten dem Schriftsteller Heinrich Mann, dessen Stimme weltweit »zum lebendigen Gewissen Deutschlands« geworden sei, Wohnrecht auf der Burg anbieten.

Einmal mehr sah man die Wartburg als sinnstiftende Plattform für ein »unteilbares Deutschland«, das nun allerdings geteilt war. An diesem Status quo vermochte auch die 1947 von der SED einberufene »Wartburgkonferenz« mit KPD-Vertretern aus allen Besatzungszonen nicht zu rütteln. Formal bildete sie jedoch den Auftakt zu einer ganzen Reihe gesamtdeutscher Jugend-, Sänger-, Dichter- und Lehrertreffen im Verlauf der 1950er Jahre, immer mit dem Ziel, die zonalen Grenzen nicht zur Wesenstrennung des deutschen Volkes hochwachsen zu lassen. Als das Nationale Olympische Komitee die Gesprächsrunde über eine gemeinsame Olympiamannschaft für Squaw Valley und Rom 1960 auf der Wartburg platzierte, sollte dies hier auf lange Sicht das letzte deutsch-deutsche Ereignis bleiben. Die Formel vom unteilbaren Deutschland verschwand, die Burg wurde zum neutralen »Ort der Begegnungen« erklärt und schließlich als wirkungsvolles Schaufenster sozialistischer Kultur- und Denkmalpflege hoch gehalten.

Entstaubt und bereinigt hatte man die Anlage bereits zu Anfang des Nachkriegsjahrzehnts. Mit der Palasrestaurierung gehörten nun auch die verschnörkelte Hofküche im Rittersaal und die historistisch aufgeputzte »Lutherkapelle« der Vergangenheit an. Der Abriss des südlichen Teils der Neuen Kemenate gestattete den Einbau eines großzügigen Treppenhauses, bediente also die Erfordernisse des modernen Besucherverkehrs. Die bisherige Fürstenwohnung wurde ausgeräumt, all ihrer dekorativen Zierden entkleidet und zum Museum versachlicht. Direktor Sigfried Asche entsprach so durchaus den kunsthistorischen Ressentiments der Zeit gegen die Üppigkeit des Historismus. Bei aller Kritik der Eisenacher, die ihre romantische Schauburg zerstört sahen, erhielt das Ergebnis viel Beifall, auch von westlicher Seite: »Die Wartburg ist unpolitisch, unparteiisch und überzonal geblieben ... eines der wenigen Dinge, vor deren Namen die Deutschen in Ost und West gemeinsam das Wörtchen ›unser‹ setzen können«, hieß es in der dortigen Presse.

Zur feierlichen Wiedereröffnung 1954 sagte der erste Kulturminister der DDR, der Dichter Johannes R. Becher: »Wir überblicken von der Wartburg aus, wie von keiner anderen Warte unseres deutschen Vaterlands, ein weites Reich deutscher Geschichte. Es ist mit Recht bemerkt worden, dass die Wartburg unter den vielen nationalen Gedenkstätten des deutschen Volkes eine eigentümliche Stellung einnimmt, insofern, als dem Besucher hier

Friedensruf von der Wartburg, Pfingsttreffen der FDJ, 1979

DDR-Kulturminister Johannes R. Becher (3. v. l.) zur feierlichen Wiedereröffnung der Wartburg 1954

Ökumenischer Gottesdienst im Hof der Wartburg zum Lutherjahr 1983

Staatliche Lutherehrung der DDR 1983; die Vorsitzenden der beiden Kommitees, Landesbischof Werner Leich und Staatschef Erich Honecker, verlassen gemeinsam die Burg

die deutsche Geschichte in ihrem Gesamtverlauf begegnet. Die Unzerstörbarkeit der deutschen Nation, heißt es, gelangt in der Wartburg gleichsam zur unmittelbaren Anschauung. Ihr Leitmotiv ist auch das Leitmotiv der deutschen Geschichte. Es kann nicht davon die Rede sein, dass wir nun, von heute zurückblickend, geschichtliche Ereignisse künstlich zurechtrücken und zu einem uns genehmen Ganzen zusammenfügen. ›Ein Deutschland ist, soll sein und bleiben‹«. Letzteres, ein Zitat um das Wartburgfest 1817, las man auch auf einer Gedenktafel am Burgtor; Ende der 1950er hatte sich der Text politisch überholt und wurde entfernt. Jede Illusion von Wiedervereinigung war zerstoben, der Eiserne Vorhang verdichtete sich, der bürgerliche Kunsthistoriker und Wartburgdirektor Asche floh in den Westen.

Ungebrochen bestehen blieb das staatsideologische Interesse an der Wartburg. Während andernorts Denkmäler von Rang verfielen, flossen der Stiftung genügend Mittel zu, um die Burganlage nahe der westlichen Grenze in stets präsentablem Zustand zu erhalten. Unbedingt vorteilhaft wirkte sich dabei das direkte Unterstellungsverhältnis zum Kulturministerium in Berlin aus – eine Position, die nur wenige Kulturstätten wie Dresden, Potsdam oder Weimar genossen. Auch der in der DDR beinahe einzigartige Stiftungsstatus wurde beibehalten. Bis zur Niederlage des Sozialismus 1989 gehörte die Wartburg zu den denkmalgepflegten Prestigeobjekten, die den kritischen Augen des internationalen Publikums standhalten sollten. Ganz besonders galt das 1967. Lange zuvor schon bereitete sich der SED-Staat auf die zu erwartenden Jahrestage vor und suchte, anders als einst Becher an Ort und Stelle versichert hatte, die Geschichte ›künstlich zurechtzurücken‹. In den »Nationalen Jubiläen«, die man auf der Wartburg zu feiern beabsichtigte, spielte neben dem 900jährigen Bestehen der Burg und dem burschenschaftlichen Wartburgfest von 1817 das 450. Reformationsfest die wirkungsvollste Rolle. Dies wiederum zwang die atheistischen Chefideologen zur Integration des bisher eher verfemten Reformators Luther in die »besten fortschrittlichen Traditionen«, als deren »legitime Erbin« die DDR auftrat. Dass mit dem Modell der »frühbürgerlichen Revolution« der bisherige »Fürstenknecht« und »Bauernschlächter« nun zumindest partiell zu Ehren kam, sollte vermutlich

Jahr der Wende, Frühjahr 1990

Landespräsident Gottfried Müller unterzeichnet die Thüringer Verfassung im Palasfestsaal (links: Michael Prinz von Sachsen-Weimar-Eisenach)

auch Kirchenmitgliedern die Identifikation mit der im gleichen Jahr festgeschriebenen DDR-Staatsbürgerschaft erleichtern. Inwieweit das gelang, sei dahingestellt, auf jeden Fall war so schon in gewisser Weise die Brücke zum nächsten großen Jubiläum geschlagen, dem 500. Geburtstag des Reformators 1983. Luthers Neuinterpretation in der marxistischen Geschichtsdarstellung mochte man noch mehr oder weniger nachvollzogen haben, das 1980 ins Leben gerufene »staatliche Lutherkomitee der DDR« unter Vorsitz Erich Honeckers aber erstaunte Kirche und Ausland denn doch und rief in den Reihen der Einheitspartei einiges Befremden hervor. Für die zentrale Jubiläumsfeier war neben dem Geburtsort Eisleben, was für den Anlass besonders nahelag, neben der Lutherstadt Wittenberg oder Erfurt natürlich auch die Wartburg im Gespräch gewesen, die schließlich ihren Konkurrenten den Rang ablief. Im Vorfeld wiederum aufwändig restauriert, bot sie im April 1983 den Schauplatz des staatlichen Festaktes samt Übergabe der neuen Dauerausstellung. Der dazu eingeladene Thüringer Landesbischof der Evangelisch-Lutherischen Kirche nutzte die Gelegenheit, um für diejenigen DDR-Bürger zu sprechen, die »um ihrer persönlichen Überzeugung und ihres Lebensweges willen in Schwierigkeiten gekommen sind«. Sein unmissverständlicher Fingerzeig auf die Diskriminierung von aktiven Christen, politischen Oppositionellen, Mitgliedern der Friedensbewegung, Wehrdienstverweigerern oder Ausreisewilligen mochte die Freude der Staatsoberhäupter etwas getrübt haben. Bei weitem mehr Aufmerksamkeit erfuhr der Ökumenische Festgottesdienst auf dem Wartburghof, mit dem die Evangelischen Kirchen der DDR am 4. Mai ihr Lutherjahr eröffneten. Allein schon die Anwesenheit kirchlicher Würdenträger aus aller Welt verlieh diesem Ereignis einen besonderen Glanz. Dass der Gottesdienst live im Staatsfernsehen übertragen wurde, war ein Novum. Gehegte Hoffnungen auf einen gesellschaftlichen Aufbruch wurden allerdings enttäuscht. Nichtsdestotrotz erlangte die Wartburg 1983 als »Lutherstätte von Weltgeltung« und »Spiegelbild deutscher Geschichte« eine internationale Popularität und Medienpräsenz wie nie zuvor.

Verknüpft mit kulturellen Werten von universeller Bedeutung – Die Wartburg im vereinten Deutschland

Sechs Jahre später, im November 1989, fielen Grenzzäune und Stacheldraht und die Burg rückte wieder einmal aus der Randlage in die Mitte, dieses Mal in die Mitte eines wieder vereinten Deutschlands. An den über 800 Tausend Gästen im Folgejahr zeigte sich eindrucksvoll, dass der Ort im Bewusstsein der Menschen immer ein Symbol gemeinsamer Kultur, deutscher Einheit und Freiheit geblieben war, auch über die Jahre des Kalten Kriegs und der Abgrenzung.

Mit der Reorganisation des Freistaates Thüringen fiel die Wartburg-Stiftung nun in dessen Zuständigkeitsbereich. 1991 konstituierte sich ein neuer Stiftungsrat, dem seit mehr als 50 Jahren erstmals wieder ein Vertreter des früheren großherzoglichen Hauses Sachsen-Weimar-Eisenach angehörte. Unter der Leitung des jeweiligen Thüringer Kulturministers arbeiten in dem Gremium sowohl Vertreter des Bundes, des Landes und der

Besuch des US-amerikanischen Präsidenten Bill Clinton und des Bundeskanzlers Helmut Kohl 1998

Rocksänger Udo Lindenberg nach seinem Konzert 2007 in der Lutherstube

Kommune wie auch der Evangelisch-Lutherischen Kirche und des Landesamtes für Denkmalpflege mit.

Das zurückliegende Vierteljahrhundert schrieb für die Wartburg ein neues Erfolgskapitel, das sich am guten Zustand aller Gebäude, der dort lokalisierten Kunstwerke und der musealen Sammlungen ablesen lässt. Auch die unmittelbare Umgebung gewann an Attraktivität, seitdem die Besucher am Fuß der Ringmauer entlang wandern und beeindruckende Sichten genießen können. 1999 ins Welterbe der UNESCO aufgenommen, ist die Burg mit ihrem vielfältigen Angebot von Ausstellungen, Konzerten und Veranstaltungen, vor allem aber durch ihre Gäste aus aller Welt am Puls der Zeit geblieben.

Der Ort, der sich im dicht bewaldeten Thüringen des 11. Jahrhunderts mit Leben zu füllen begann, sah fast eintausend Jahre an sich vorüberziehen. Er sah den Kampf um Herrschaft und Macht. Er sah Grenzen scheinbar für ewig erstarren und auch wieder fallen. Er sah Landesherren kommen und gehen. Und er verfolgte auch immer wieder den Flug des Geistes, Fesseln sprengend, Schranken überwindend und sich empor schwingend in ungeahnte Höhen schöpferischen Reichtums der Menschheit.

Hoch über dem Land, hoch über der Stadt jubelt, klagt, singt, flüstert eine Stimme: Das ist Deutschland. Warum? Muß es grad hier sein? Weil es die Mitte ist des herrlich gegliederten Landes zwischen Alpen und Meer, Strom und Strömen? Was in unseren Breiten möglich ist, besitzt Deutschland: das Liebliche und das Heroische, das harte Licht der Gletscher und den tiefen, riesigen Himmel über Heide und See. Aber die Deutschen, die hierher kommen und über die Stadt hinblicken, sagen sich: Das hier ist es. Und die Fremden, die zum erstenmal vielleicht nach Deutschland kommen, aber von ihm viel gehört, manches darüber gelesen haben, und die jetzt oben stehen auf der Burg mit einem inneren Bild, das sich zusammensetzt aus Gehörtem, Gelesenem, Geahntem, glauben zu wissen: Dies muß es sein.

(Aus Stephan Hermlins Vorwort zu »Eisenach und die Wartburg«, 1961)

Die »Wiege« der Thüringer Landgrafschaft war die Schauenburg. Auf dem hohen, schmalen Felsrücken künden nur noch wenige Spuren von der einstigen Befestigung, jedoch hat derselbe Blick über die sanft wogenden Wälder einst das Begehren geweckt, dies herrliche Land zu beherrschen.

Links: Reinhardsbrunn, das mit Benediktinern besetzte Hauskloster der Ludowinger, deren Grabstätte und spätere »Kanzlei«, war zugleich geistiges und politisches Zentrum der Landgrafen. Die dort entstandenen Geschichtswerke sowie die als »Reinhardsbrunner Fälschungen« bekannte Sammlung von Schenkungs- und Bestätigungsurkunden dienten der Legitimation der Stifterfamilie. Nach der Reformation dem Verfall preisgegeben und seit dem 17. Jahrhundert zum herzoglichen Schloß und Amt wieder auf- und umgebaut, ist die ursprüngliche Klosteranlage nahezu ausgelöscht worden. Mauer und Torbogen im östlichen Bereich stammen jedoch noch aus dieser ältesten Zeit.

Oben: Über den weinbewachsenen Hängen Freyburgs an der Unstrut erhebt sich seit dem Ende des 11. Jahrhunderts die Neuenburg – östliche Bastion der Thüringer Landgrafen und einer ihrer bevorzugten Aufenthaltsorte. 1171 besuchte dort Kaiser Barbarossa seinen Schwager und soll dabei die noch fehlenden Befestigungen bemängelt haben. Die Beteuerung des Landgrafen, seine Burg in kürzester Zeit uneinnehmbar zu gestalten, belächelte er. Als ihm aber der Gastgeber am nächsten Morgen die geschlossenen Reihen seines Gefolges zeigte, das einen wehrhaften Ring um die Burganlage gebildet hatte, mußte er bekennen, eine kostbarere »Mauer« nie gesehen zu haben. Die Sage gestaltete Moritz von Schwind im Landgrafenzimmer. Von imposanter Ausdehnung birgt die Neuenburg architektonische Kostbarkeiten wie die romanische Doppelkapelle aus den letzten Jahrzehnten vor 1200.

Links: Die Eisenacher Nikolaikirche, das zugehörige Kloster und das gleichnamige Stadttor – eines der ältesten in Thüringen – sind »Zeitgenossen« des Wartburgpalas und repräsentieren Befestigung und Ausbau der mittelalterlichen Stadt gegen Ende des 12. Jahrhunderts.

Rechts: Die Grabplatte von Ludwig dem Springer entstand zu Beginn des 14. Jahrhunderts in Reinhardsbrunn. Sie zeigt den sagenumwobenen Wartburggründer mit Schwert und Wappenschild. Auf seiner Hand trägt er ein Kirchenmodell, das ihn als Stifter des Klosters ausweist. Zwei der Epitaphien der Landgrafen, die heute in der Eisenacher Georgenkirche bewahrt werden, sind als Kopien im Palaskeller zu sehen.

Auf seiner Reise von Paris nach Leipzig im April 1842 erblickte Richard Wagner zunächst die Wartburg, hinter Eisenach führte die Straße am Hörselberg vorbei. Inspiriert von diesen beiden magischen Orten »konstruierte [er sich] so im Tal dahinfahrend die Szene zum dritten Akte« seiner Tannhäuser-Oper. Sagenumwoben wie die Burg ist auch das hohe, langgestreckte Muschelkalkmassiv. Von hier aus soll das Wilde Heer, angeführt von Frau Holle, ins Land brausen, vor dem der »treue Eckart« warnt, im Innern lodert nach altem Volksglauben das Fegefeuer, und schließlich wird auch vom edlen Tannhäuser erzählt, den Frau Venus in ihr unterirdisches Reich lockte und alle Zeit vergessen ließ.

Links: Schon seit 1223 wird die Werra von der steinernen Brücke überspannt. Mit ihr befestigte Landgraf Ludwig IV. den Weg von Eisenach nach Creuzburg, einem der Lieblingsorte seiner Gemahlin Elisabeth, und in den hessischen Teil der Landgrafschaft. Zum himmlischen Schutz von Weg und Wanderer entstand fast gleichzeitig eine Brückenkapelle, an deren Stelle 1499 ein spätgotisches Kirchlein trat. Geweiht dem heiligen Liborius, dem »Brückenbauer Europas«, wurde sie bald zum Wallfahrtsort. Der Innenraum enthält Fresken zum Elisabeth- und Christusleben aus dem Jahr 1520.

Oben: Wie ein Stadtwächter thront die Burg Weißensee über dem gleichnamigen Ort im Thüringer Becken. Landgräfin Jutta, eine Halbschwester des Kaisers Friedrich Barbarossa, gab den mit Palas und Wohnturm repräsentativen Herrschaftssitz zwischen Wartburg und Neuenburg 1168 in Auftrag. Bekannt geworden durch die Schlacht bei Weißensee im Jahre 1180, in der Heinrich der Löwe den Landgrafen von Thüringen besiegte, hielt die wehrhafte Burg folgenden Belagerungen stand.

Die Wartburg über dem Helltal, Aquarell von Carl Hummel, um 1870

Die unmittelbare Umgebung der Wartburg ist ein Eldorado für Naturfreunde und Geologen. Bizarr gestaltete Felsformationen wie Mönch und Nonne, Teufelskanzel und Eliashöhle, das überall zutage tretende Rotliegende, Steilstufen mit kleinen Sturzbächen oder urwüchsige, sich selbst überlassene Waldstücke bieten jedem Wanderer reiche Abwechslung. Ludwigsklamm, Landgrafen- und Drachenschlucht gehören zu den eindrucksvollsten geologischen Denkmälern Thüringens.

Nördlich unterhalb der Wartburg liegt die sog. Elisabeth-Quelle, aus der im Mittelalter das Trinkwasser geholt wurde. Der Name bezeichnet den einstigen Standort des von der barmherzigen Landgräfin 1226 gegründeten Siechenhauses. Ihr zu Ehren stifteten die Wettiner 1331 an gleicher Stelle ein kleines Franziskanerkloster, das auch Reliquien der Heiligen verwahrte; es verfiel in der Reformationszeit. Die steinerne Fassung erhielt der Brunnen während der historistischen Burgwiederherstellung durch Hugo von Ritgen.

Links: Die Westseite der Burg, gut sichtbar vom Hotelhof, bietet mit Fachwerkpassagen, kleinteiligen Erkern und Anbauten ein beschauliches Bild. Von links nach rechts reihen sich das Ritterhaus, die Vogtei, aus deren Fenstern vor rund fünf Jahrhunderten Martin Luther geblickt hat, der Margarethengang und die Dirnitz aneinander, überragt vom neoromanischen Bergfried.

Oben: Ein Vogelnest, denkt unwillkürlich, wer diese Perspektive vor Augen hat. Wahrscheinlich wiederholt er damit die Gedanken Luthers, als er sein geheimes Domizil als »Reich der Vögel« umschrieb. Mit Ausblicken wie diesem überraschen fast alle Rundwanderwege um die Wartburg.

Zum Metilstein hin präsentiert die alte Landgrafenfeste ihr einziges Zugangstor im Norden. Kein Wunder, dass die strategisch hochinteressante Lage verschiedene mittelalterliche Angreifer zum Bau von Belagerungsburgen animiert hat. Ihre Reste sind auf dem Eisenacher Hausberg noch gut erkennbar.

Wer den steilen Wendelstein des Bergfriedes erklommen hat, dem erschließt sich der Einblick in die mittelalterliche Vorburg und den Innenhof des nordwestlich vorgelagerten Wartburghotels aus den Jahren 1912/14. Im Hintergrund wölbt sich das Felsmassiv des Metilsteins, der wie auch der Burgberg erst im 19. Jahrhundert aufgeforstet wurde.

»Der Morgen zeigte ein neues Schneechen von drei Zoll hoch, einem frisch angezogenem Hemde gleich. Möchten doch die Volants alsbald folgen, damit man endlich einmal Schlitten fahren könnte, ohne die Haut der Erde abzukratzen ...«

(Aus dem Tagebuch des Burgkommandanten
Bernhard von Arnswald, 1857)

Nach der düsteren Torhalle, über der sich einst noch ein Turm erhob, darf der Blick nun über die nördlich gelegene Stadt und ihr Umland schweifen. Drei schwere Tore sicherten den Zugang über eine konstruktiv interessante, wieder funktionstüchtige Zugbrücke. Die von Wind, Wetter und vielen Händen gezeichneten Eichenbohlen des äußeren Tores sind unterbrochen vom runden Ausguck und dem sog. Nadelöhr, einer rundbogigen Schlupfpforte, durch die schon Martin Luther schritt. Ihr altertümliches Aussehen – einer der Torbögen gehört der ältesten Bauzeit an – hat sich die Anlage bis heute bewahrt.

Mittelalterliche Wehrgänge säumen rechts und links den Steinweg durch die Vorburg. Durch Riegelbauten wohl schon in früheren Zeiten abgetrennt von der herrschaftlichen Haupt- oder Hofburg, begrenzen ihr Terrain seit dem 19. Jahrhundert wieder Dirnitz, Torhalle und Neue Kemenate. Die historistischen Gebäude entstanden durchgängig auf altem Baugrund.

Als Spolie des abgebrochen Harsdörferschen Patrizierhauses in Nürnberg gelangte 1872 der Nürnberger Erker auf die Wartburg. Das zierliche Bauteil verleiht dem schlichten Fachwerkgiebel der Vogtei seither eine ganz eigene Anmut und bildet mit dem benachbarten Taubenschlag ein überaus populäres Fotomotiv.

Die beschauliche Hofidylle aus Taubenhaus, Burgvogtei mit angrenzender Kommandantendiele und rechterhand ins Bild geschobenem Elisabethgang bietet nicht nur lauschig grüne Plätzchen zum Verweilen, sondern auch das Geflatter der weißen Pfauentauben, die der Sage zufolge seit Elisabeths Zeit die Burg beleben.

Links: Dem wie hier oft am Vorderteil des Geschützrohrs angebrachten geschirrten Falken verdankt die Wurfwaffe ihren Namen »Falkonett«. Gegossen 1597 vom Ulmer Meister Wolff Neidhart, war sie im Dreißigjährigen Krieg wohl Beutestück des Schwedengenerals Wrangel, der seinen Namen hinter den Seepferd-Griffen einhauen ließ.

Oben: Viele der früheren Schützen- und Aborterker sind dem Zahn der Zeit anheimgefallen oder wurden im 18. und 19. Jahrhundert abgerissen. Was einst der Verteidigung diente, wirkt nun einladend.

In den Winkel zwischen Vogtei und Ritterhaus schmiegt sich der Anbau der Kommandantendiele. Auf gewachsenem Fels liegend, spärlich belichtet von kleinen Butzenfenstern, erschloss ihre Treppe bis ins 19. Jahrhundert hinein auch das obere Vogteigeschoss, in das man Luther 1521 einquartierte.

Oben: Einst wohl als Schützenerker angelegt, entfremdeten in friedlichen Zeiten die Eseltreiber das kleine Stübchen, um sich nach ihrem Marsch aus dem Tal auszuruhen. Ihnen und den grauen Vierbeinern oblag das mühselige Geschäft, die Burgbewohner mit Trinkwasser und Lebensmitteln zu versorgen.

Rechts: Der östliche Wehr- oder »Margarethengang« mit Schützenerker und Schießscharten ...

Welcher Art die ursprüngliche Torsituation zwischen Vor- und Hofburg war, ließ sich im 19. Jahrhundert nicht mehr feststellen. Wartburgarchitekt Hugo von Ritgen entwarf hierfür um 1865 eine großzügige neoromanische Torhalle, nach Nord und Süd jeweils gesichert mit zweiflügeligen Toren und beiderseitigen Zugängen zur Neuen Kemenate und zur Dirnitz.

Der nach Norden gerichtete Blick erfasst den historischen Gebäudekomplex aus Dirnitz, Torhalle und Bergfried, das in den frühen 1950er Jahren eingefügte Treppenhaus und die Westfassade des romanischen Palas. Ihn schoben die mittelalterlichen Baumeister weit über den Felsabhang hinaus und konstruierten dafür einen aufwändigen Unterbau, um dem Hof mehr Weite zu verschaffen.

Ein einzigartiges Zeugnis profaner Baukunst des 12. Jahrhunderts ist der Palas, der gegen die Regeln des Burgenbaus in vollkommener Freiheit seinen eigenen Gesetzen zu gehorchen scheint.
Die Ruinen von etwa zeitgleichen und einst so prachtvollen Pfalzbauten, wie sie in Gelnhausen, Wimpfen oder Eger zu finden sind, bestätigen dem repräsentativen Saalbau der Wartburg einmal mehr ein Höchstmaß an künstlerischer Reife.

Eingefaßt zwischen zwei Kuben von mauerhafter Geschlossenheit entfaltet der reich gegliederte Mittelteil eine bestechende Rhythmik. Der Dreiteilung des gesamten Baukörpers folgend, öffnen sich in jedem Geschoß wiederum drei Arkaden – ein Prinzip, das auch im Innern des Baues gilt.

Die große Zisterne entstand wohl schon in frühester Zeit, besaß die Wartburg doch keinen Brunnen. Während das Trinkwasser von der am nördlichen Hang gelegenen Quelle heraufgetragen wurde, sammelte sich in dem etwa zehn Meter tiefen Felsbecken das Brauchwasser. Dieses diente nicht nur fürs Waschen und zum Tränken der Tieren, sondern war gegebenenfalls überlebenswichtig bei Bränden.

Das neuromanische Ritterbad an der Südseite des Palas entstand 1889/90 als letztes Ritgen-Bauwerk.

Oben: Etwa aus der Zeit um 1200 stammt das von schwerem Wulst- und Kehlprofil eingefaßte Tympanon: Ob der gedrungene Drache den im Kreuzzug geläuterten, mit Kettenhemd, Topfhelm und Adlerschild bekleideten Ritter verschlingt oder ausspeit ist ungewiss; in der christlichen Ikonografie gilt das Fabelwesen als teuflisches Symbol. Es wäre aber über dem Eingang zu einer Kapelle vorstellbar.

Rechts: Der hochaufragende Südgiebel des Palas wird seit Mitte des 19. Jahrhunderts von der Sandsteinskulptur eines Löwen bekrönt – das Wappentier der Thüringer Landgrafen. Der Anbau des historischen Ritterbades folgte den Archivalien, in denen von einer Back- und Badestube die Rede ist, die sich an etwa gleicher Stelle befand.

Oben: Der südliche Turm, einst »kleiner Bergfried« oder »Pulverturm« genannt, wird ins 14. Jahrhundert datiert, dürfte an dieser militärstrategischen Schwachstelle jedoch einen Vorgänger gehabt haben. Im Innern beherbergte er das Loch, d. h. eines der grausam feuchten und dunklen Verliese, in das Gefangene hinabgelassen wurden. Hier lokalisiert man die Haft des Täufers Fritz Erbe, den nach acht qualvollen Jahren 1548 der Tod erlöste.

Rechts: Blick in den Rittersaal

Links: Über die tonnengewölbte Innentreppe gelangte die landgräfliche Familie aus der Wohnetage im Erdgeschoss in die darüber liegenden Repräsentationsräume. Derartige Aufgänge im Innern finden sich in romanischen Bauwerken selten, was einmal mehr für die überaus moderne und bedarfsorientierte Planung des Bauwerkes spricht.

Oben: Für das 12. Jahrhundert außergewöhnlich war auch die Beheizbarkeit aller Palasräume. Der Kamin im Rittersaal in der Nordostecke erhielt um 1980 wieder eine dem Baustil angepasste Haube.

Zwischen dem kreuzgewölbten Rittersaal und seiner architektonischen Spiegelung, der Elisabethkemenate, liegt der Speisesaal. Vermutlich trifft diese moderne Bezeichnung auf die einstige Funktion des zentralen Raumes auch zu, der wohl dem familiären Zusammensein und gemeinsamen Mahlzeiten diente. Vom Kapitell der mittig gestellten Säule ist zweifelhaft, ob es sich um ein ursprünglich auf der Burg verortetes Bauteil oder um eine hierher verpflanzte Spolie handelt. Das Motiv des Kapitells, vier in einen Ring beißende Adler, wiederholt sich zumindest, wenngleich in künstlerisch überzeugenderer Dynamik.

Die Elisabethkemenate – in alten Beschreibungen des 17. Jahrhunderts bereits »Fräulein Elisabeth Caminstuben« genannt – könnte analog zum Rittersaal, dem Gemach des Burgherrn, der Aufenthaltsort der Herrin des Hauses gewesen sein. Auf die gehobene Bestimmung weist auch das meisterhafte Kapitell mit seinen herabstoßenden Adlern.

Das prächtige Glasmosaik – nach Entwürfen von August Oetken zwischen 1902 und 1906 eingefügt – zeigt Szenarien aus dem Leben der heiligen Elisabeth, im gezeigten Detail die »Verlobung« des jungen Landgrafensohnes mit der ungarischen Prinzessin.

Links: Der für die Romanik typische Stützenwechsel findet im Arkadengang des Erdgeschosses eine geradezu »musische« Variation von Pfeilern, Doppel- und Einzelsäulen.

Oben: Die eigentliche Grundform des Kelchs, der über dem runden Säulenschaft aufwächst und im quadratischen Block endet, ist an einigen Doppelkapitellen des Palas nur noch zu erahnen. Ein Beispiel an der Südwand der Erdgeschoßarkade wirkt in der plastischen Gestaltung seiner Schauseite wie ein Hochrelief in strenger Symmetrie.

Die Malerei an der Nordwand der Kapelle entstand etwa um 1320. Das erhaltene Fragment früherer Ausmalung des Raumes zeigt wahrscheinlich sechs Apostel, die von Spruchbändern umrahmt waren. Lediglich Petrus mit seinem Attribut des Schlüssels ist exakt zu deuten.

Zu Beginn des 14. Jahrhunderts, wohl nach einem Brand, der eine vorherige, nicht näher bekannte Kapelle außerhalb des Palas zerstörte, ließ Landgraf Friedrich der Freidige diesen Sakralraum in das erste Obergeschoß des Palas einfügen. Der angrenzende Sängersaal büßte dabei ein Drittel seiner ursprünglichen Größe ein. Renaissance, Barock und Historismus gaben der Palaskapelle jeweils ihr Gesicht, während die heutige schlichte Ausstattung dem gotischen Erscheinungsbild vermutlich am nächsten kommt.

Das südliche Zwillingsfenster der Kapelle ist mit einem besonders beeindruckenden Doppelkapitell geschmückt. Was zunächst als verwirrende Verflechtung von Menschen- und Tierleibern erscheint, ist die künstlerische Umsetzung des Schlangenbändigermotivs. Uralter, orientalischer Ornamentik entsprungen, symbolisiert die Darstellung den immerwährenden Kampf zwischen Gut und Böse.

Die Ankunft der Vierjährigen auf der Wartburg

Im Arkadengang des ersten Obergeschoß malte Moritz von Schwind 1854
die Vita der heiligen Elisabeth
Die Legende des Rosenwunders

Elisabeths Abschied von ihrem Gemahl Ludwig, der mit seinem Gefolge zum Kreuzzug aufbricht und stirbt

Die junge Witwe verläßt mit ihren Kindern die Wartburg

Das Sterbelager in Marburg

Die feierliche Beisetzung der Heiliggesprochenen am 1. Mai 1236

Oben: Der imposante Drache des Bildhauers Konrad Knoll bewacht seit 1860 die alte Innentreppe vom Erdgeschoss in den Sängersaal.

Nächste Doppelseite: In seinem monumentalen Fresko vom Sängerkrieg (1854/55) veranschaulichte Moritz von Schwind die mittelalterliche Sage, verlieh dem historischen Personal aber zugleich Züge prominenter Zeitgenossen und drückte damit den Anspruch des Großherzogs aus, der das Mäzenatentum des Vorfahren in Weimar und auf der Wartburg fortgeführt sah.

Der sog. Minnesängerschrank, entworfen von Ritgen und mit Szenen aus den mittelalterlichen Dichtungen von Tristan und Isolde, Parzifal und dem Nibelungenlied bemalt, gehört zu den herausragenden Kreationen des Historismus.

Durch den Treppenaufgang zwangsläufig erhöht, wurde die nördliche Schmalseite des Sängersaals durch Hugo von Ritgen zur Sängerlaube, einer Art Bühnenpodium gestaltet. Der Kölner Historienmaler Michael Welter dekorierte die phantasiereiche Zutat 1857 nach Entwürfen von Rudolf Hofmann. Die teppichähnliche Rückwand gliedert sich in drei Felder und gibt Verse aus der Großen Heidelberger Liederhandschrift wider. Zentrales Thema ist die Dichtung vom Sängerkrieg aus dem 13. Jahrhundert. Mit dem Saal gab die Romantik der Sage ihren Schauplatz, zumal Moritz von Schwind das dramatische Geschehen auf seinem Sängerkriegsfresko in die historisierende Kulisse des Raumes hineinsetzte und so die gewünschte »Authentizität« suggerierte.

Schwungvolle Adler bekrönen die romanische Säule im Landgrafenzimmer, das seit der jüngsten Restaurierung in der Farbfassung des 19. Jahrhunderts erstrahlt. Dementsprechend besitzt auch der Eckkamin wieder sein historistisches Gepräge mit Sitzbänken, Säulenstellungen und Türgewände. Die teils verblassten, an der Fensterseite teils fast verloren geglaubten Fresken Schwinds wurden von fachkundigen Händen behandelt, so dass sich der Raum nun als homogenes Kleinod des Historismus präsentiert.

Oben: Unter Ludwig II., der etwa elfjährig an die Macht kam, sollen die Missstände im Lande überhand genommen haben. Ein Schmied aus Ruhla, bei dem der junge Landgraf während der Jagd ein Nachtquartier erbat, soll – so die Sage – die günstige Gelegenheit genutzt haben. Ohne seine Arbeit zu unterbrechen beklagte er bis zum Morgenrot die Willkür der Vögte und das harte Los der Bauern und wünschte dabei laut, der Landesherr möge endlich die Zügel straffen und mit harter Hand Zucht und Ordnung wiederherstellen. Nach dieser Lektion, heißt es weiter, sei Ludwig am nächsten Morgen geläutert davongeritten, habe die übermütigen Edlen für ihre Untaten bestraft und von nun an gut und gerecht regiert.

Rechts: Darf man im Landgrafenzimmer einen herrschaftspolitisch wichtigen Ort der Ludowinger vermuten? Die mit vier Löwen verzierte Säulenbasis erinnert zumindest an ihr Wappentier, die Lage des Raumes hebt ihn durch seine ursprüngliche Erreichbarkeit vor anderen hervor.
Der Bilderfries von Moritz von Schwind illustriert die bekanntesten Sagen der Thüringer Landgrafen in volkstümlicher Frische und ohne historistisches Pathos. Zum Interieur gehört der Schenkschrank nach einem Entwurf Hugo von Ritgens.

Oben: Die Fahne der Urburschenschaft erinnert an das Wartburgfest im Jahr 1817, der ersten bürgerlich-nationalen Willenskundgebung der akademischen Jugend in Deutschland. Der Festsaal im zweiten Obergeschoß gilt als eines der brilliantesten Beispiele historischer Kunstauffassung und Raumdekoration des 19. Jahrhunderts. Die Thematik der bildnerischen Ausstattung – der Triumph des Christentums über die heidnische Welt – lehnt sich an die idealisierte Vorstellung vom religiösen Mittelalter und seinen Kreuzzügen an.

Rechts: Der über 30 Meter lange Festsaal im Obergeschoss des Palas aus dem 12. Jahrhundert verfügt über die Seltenheit von drei Kaminen an der Ostwand. Aus dem westseitig vorgelagerten Arkadengang betritt man den Quersaal durch ein reich verziertes Hauptportal.

Westseite des Festsaals mit Haupteingang

Am Südgiebel des Festsaales verherrlichte der Historienmaler Michael Welter – wohl auf der Grundlage der Reinhardsbrunner Geschichtswerke des späten 12. Jahrhunderts – die legendäre Herkunft der Ludowinger, die sich als Nachfahren Karls des Großen sahen. Dieser steht mit Schwert und Reichsapfel in der Mitte, Ludwig mit dem Barte, der »Stammvater« der Thüringer Landgrafen, ist links, der Gründer der Wartburg, Ludwig der Springer, rechts dargestellt.

Die reich verzierten Deckenbinder, von Konrad Knoll um 1860 geschaffen, sind dem Bildprogramm des Festsaals größtenteils eingegliedert.

Der heilige Georg im Kampf mit dem Drachen

Skulptur Hugo von Ritgens in der Tracht des mittelalterlichen Baumeisters, auf seiner Linken das Modell der Wartburg

Wolf und Hexe aus den nordischen Göttersagen der »Edda« fliehen vor der Macht des Christentums zum Scheiterhaufen Baldurs.

Die Ideale der Romantik erfüllten seit dem Ende des 17. Jahrhunderts die Wartburg. Umwoben von einer Aura aus Historie und Sage waren die übriggebliebenen Gebäude, darunter der entstellte Palas, reparaturbedürftig und vielfach sogar einsturzgefährdet. Zwar geleitete man die Fremden auch ins Innere und zeigte allerhand zweifelhafte »Merkwürdigkeiten«; auf einen gewachsenen Inventarbestand konnte man aber nicht verweisen, noch viel weniger auf Kunstwerke von Wert. Den zaghaften Anfang einer Sammlung mag man in der Überführung der kostbarsten Weimarer Zeughausbestände sehen, die 1801 im Palas – und dort an wechselnden Standorten – aufgebaut wurden. Auch Goethes Plan der musealen Auszierung verschiedener Räume war eine Station auf dem Weg zum modernen Museum.

Die Sammelleidenschaft setzte jedoch erst ein, als die Restaurierung des Palas bereits begonnen hatte. Die »Messersammlung« – prachtvolle Bestecke aus vier Jahrhunderten –, die Porträts der Luther-Eltern von Cranach d. Ä. oder der Dürerschrank gehören zu frühesten Erwerbungen in den 1840er Jahren. Bis zur Jahrhundertwende waren alle Räume eingerichtet und enthielten bemerkenswerte Kostbarkeiten. Burghauptmann Hans Lucas von Cranach, ein Nachfahre des berühmten Renaissancemalers, räumte der 1921 gegründeten Wartburg-Stiftung testamentarisch das Vorkaufsrecht weiterer Cranach-Gemälde ein.

Die kontinuierlich fortgeführte Sammlung befindet sich heute zumTeil im Museum oder wird in wechselnden Sonderausstellungen gezeigt.

Schmuckschrank, Wenzel Jamnitzer, Nürnberg, 1575

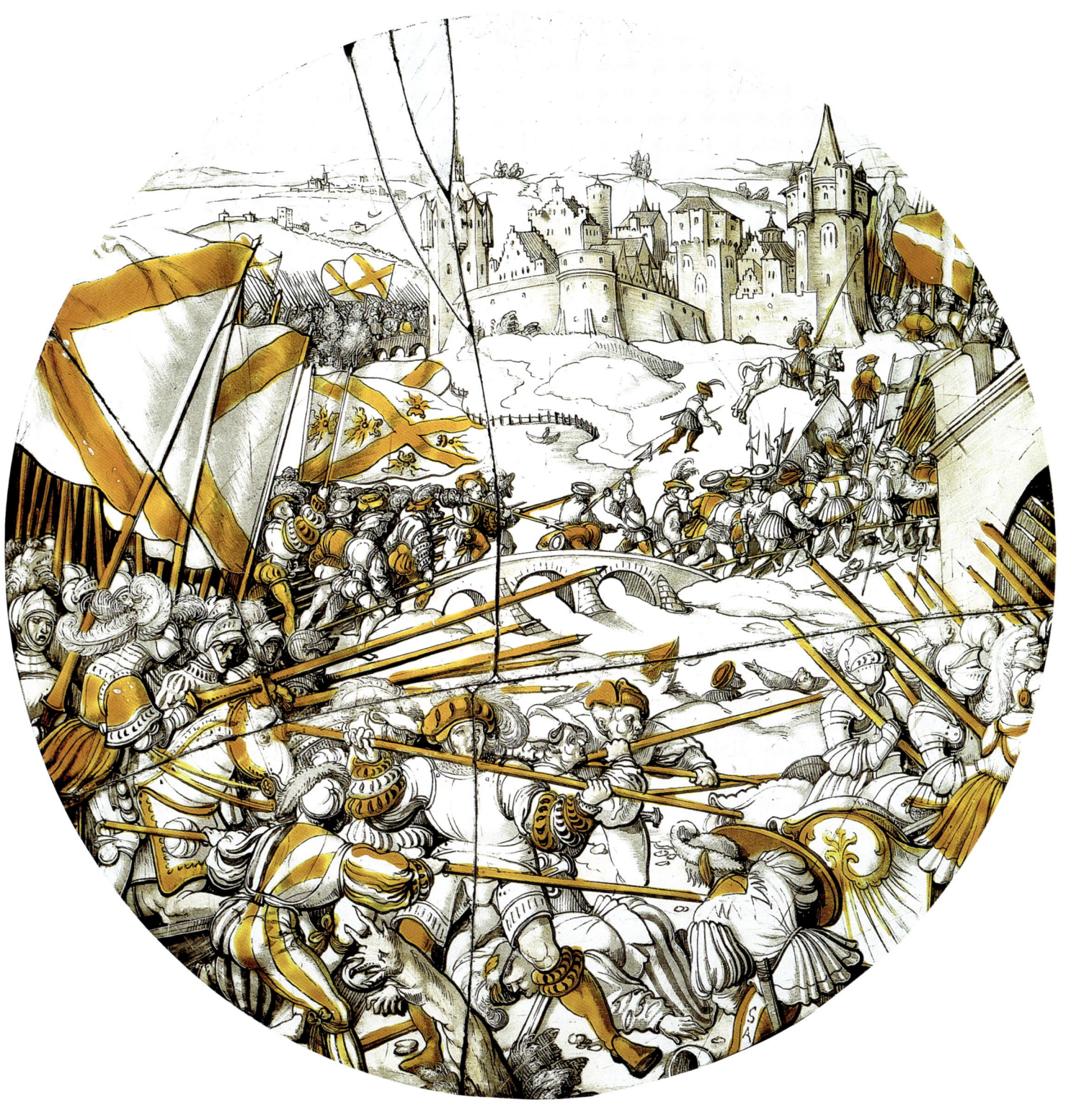

Links: Prunkharnisch, um 1600, Eisen, vergoldet und versilbert, Samt, Leder

Oben: Kabinettscheibe mit Darstellung der Schweizerkriege von Jörg Breu und Hans Knoder, Silber-Gelb-Ätze, um 1515

Oben Links: Romanisches Aquamanile, niedersächsisch, 1. Hälfte 12. Jahrhundert, Gelbguß

Oben Rechts: Reliquienkasten, Limoges, 1. Viertel 13. Jahrhundert, Holz, Kupfer, Grubenschmelz

Unten Links: Handwaschschale, Limoges, 1. Viertel 13. Jahrhundert, Kupfer, Grubenschmelz

Rechts: Glasmalerei mit der Darstellung der heiligen Barbara, thüringisch, 1475

Quinterne, Hans Ott, um 1450, Ahorn und Fichte

Sogenannte »Wartburgharfe«, alpenländisch, nach 1450, Ahorn, Certosina-Mosaik

Durch das am oberen Säulenende eingelegte Wort »wann« wird das Instrument mit dem Minnesänger Oskar von Wolkenstein in Verbindung gebracht, dessen Lieder oft so begannen.

Elisabeth-Teppich, Basel, um 1480/90, gefärbte Wolle und Leinen

Wandbehang mit sechs symbolischen Tieren – Detail mit Greif und Einhorn,
Basel, um 1440, Wolle gefärbt

Leuchterengel, Werkstatt Tilmann Riemenschneiders, um 1510, Lindenholz

Junge Mutter mit Kind, Lucas Cranach d. Ä., um 1525, Öl auf Holz

Madonna mit der Weintraube,
Lucas Cranach d. Ä., um 1537,
Öl auf Holz

Apoll und Diana

Der große Herkules

Die vier Hexen

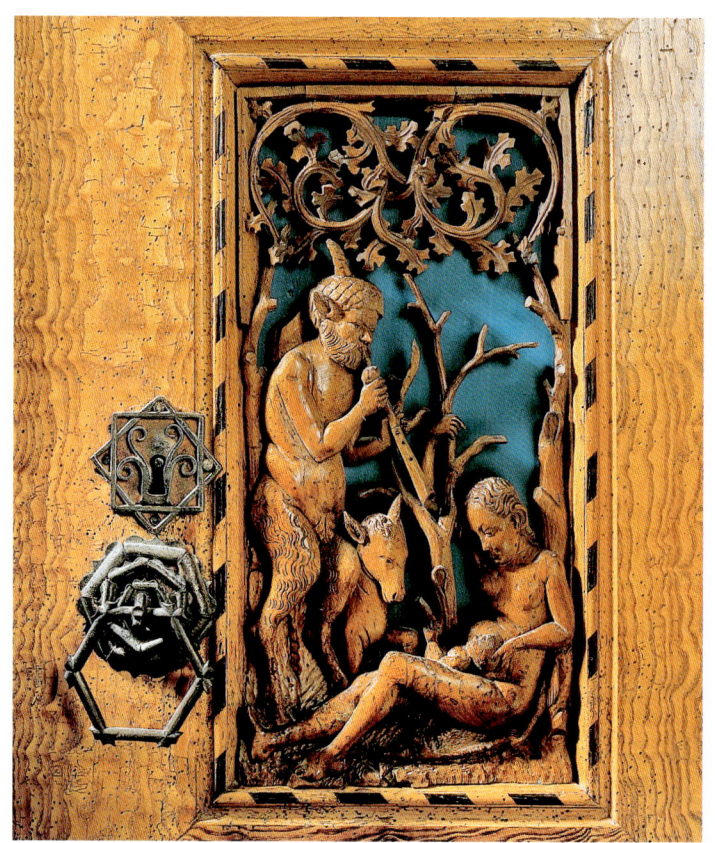
Die Satyrfamilie

Sogenannter »Dürerschrank«, fränkisch, um 1515, Linde, Kirsche und Esche. Dem anonymen Meister dienten sieben Kupferstiche Albrecht Dürers, ein Holzschnitt Lucas Cranachs d. Ä. und vier Plakettenentwürfe des italienischen Goldschmieds Moderno als Vorlagen für die Reliefschnitzereien der Türfüllungen.

Oben: Blick vom »Schweizer Zimmer« in die Ausstellung der Bestecksammlung

Rechts: Die kleine Zelle aus einem abgerissenen Nürnberger Patrizierhaus wurde 1863 als »Pirckheimerstübchen« angekauft. Benutzt hat es der berühmte Humanist und Zeitgenosse Luthers jedoch nie, denn das Anwesen erwarb erst sein Enkel Willibald Imhoff.

Martin Luthers Eltern Hans und Margarethe, Lucas Cranach d. Ä., 1527, Öl auf Holz

Anders als die Bezeichnung glauben macht, befindet sich die sog. Wartburgbibel erst seit 1930 im Besitz der Stiftung. 1541 bei Hans Lufft in Wittenberg gedruckt, erbat sich ihr ursprünglicher Käufer, der Hallenser Stadtrichter Wolfgang Wesemer, Einträge von Luther, Melanchthon, Bugenhagen, Cruciger und Forster. Diese Autographen, jedoch auch andere, die Eigentumswechsel und mit inhaltlichen Kommentaren den jeweiligen Zeitgeist nachvollziehen lassen, machen das Buch zu einer besonderen Kostbarkeit.

Sogenannte Hochzeitsbilder von Martin und Katharina Luther,
Lucas Cranach d. Ä. /Werkstatt, 1526, Öl auf Holz

Luther auf dem Reichstag in Worms, Paul Thumann, 1872, Öl auf Leinwand

Luthers Ankunft auf der Wartburg, Paul Thumann, 1872, Öl auf Leinwand

Oben: Luther übersetzt die Bibel, Paul Thumann, 1872, Öl auf Leinwand

Rechts: In ihrer Kargheit wohl den früheren Charakter der Kavalierszelle wiedergebend, ist die authentische Lutherstube schon seit dem 16. Jahrhundert Ziel frommer Pilger gewesen. Die Fehlstelle im Putz erinnert an den Tintenfleck, der entstanden sein soll, als der Reformator beim Verfassen der deutschen Bibel ein Tintenfass nach dem Teufel warf. Zwar eine Wanderlegende, doch reizte es die Besucher über lange Zeit, blau gefärbte Partikel aus der Wand zu kratzen, bis der Fleck wieder erneuert werden musste. Das geschah nachweislich öfter, das letzte Mal vor 1900.

Luthergang in der Vogtei

Sogenannte »Rosentür« zum Luthergang, angekauft in der 2. Hälfte des 19. Jahrhunderts aus Schwäbisch Hall

Die Wartburg aus südwestlicher Richtung

Blick von Südosten auf die Wartburg

Bibliografie (Auswahl)

Wolfgang Albrecht: Hier wohn' ich nun, Liebste. Die Wartburg in Literatur und Kunst von Goethe bis Wagner 1749–1849, Eisenach 1986

Ludwig Bechstein: Der Sagenschatz und die Sagenkreise des Thüringerlandes, Hildburghausen 1835

Dieter Blume, Matthias Werner (Hrg.): Elisabeth von Thüringen. Eine europäische Heilige, Aufsätze, Petersberg 2007

Jens Haustein: Rätselraten und Wettsingen im »Wartburgkrieg« des 13. Jahrhunderts. In: Jutta Krauß (Hrg.): Wie der Tannhäuser zum Sängerkrieg kam, Regensburg 2013

Jens Haustein: Der Tannhäuser klopft an Richard Wagners Tür. In: Jutta Krauß (Hrg.): Wie der Tannhäuser zum Sängerkrieg kam, Regensburg 2013

Ulrich Klein: Die Gründung der Wartburg – Mythos und Befund. In: Mitteilungen der Deutschen Gesellschaft für Archäologie des Mittelalters und der Neuzeit, (27) 2014, Seite 227–236

Jutta Krauß (Hrg.): Dies Buch in aller Zunge, Hand und Herzen. 475 Jahre Lutherbibel. Begleitschrift zur Ausstellung, Regensburg 2009

Jutta Krauß (Hrg.): Luthers Bilderbiografie. Die einstigen Reformationszimmer der Wartburg. Begleitschrift zur Ausstellung, Regensburg 2012

Jutta Krauß: Das Wartburgfest der deutschen Burschenschaft, Regensburg 2011

Manfred Lemmer: der Dürnge bluome schînet dur den snê. Thüringen und die deutsche Literatur des hohen Mittelalters, Wartburg-Stiftung Eisenach 1981

Renate Petzinger (Hrg.): Hessen und Thüringen. Von den Anfängen bis zur Reformation. Katalog zur Ausstellung in Marburg und auf der Wartburg, Marburg 1992

Angelika Pöthe: Carl Alexander. Mäzen in Weimars ›Silberner Zeit‹, Böhlau Köln, Weimar, Wien 1998

Günter Schuchardt (Hrg.): Der romanische Palas der Wartburg. Bauforschung an einer Weltererbestätte, Regensburg 2000

Günter Schuchardt (Hrg.): Romantik ist überall, wenn wir sie in uns tragen. Aus Leben und Werk des Wartburgkommandanten Bernhard von Arnswald, Regensburg 2002

Hilmar Schwarz: Die Ludowinger. Aufstieg und Fall des ersten thüringischen Landgrafengeschlechts, Kleine Schriftenreihe der Wartburg-Stiftung 6, Eisenach 1993

Hilmar Schwarz: Die Wettiner des Mittelalters, Kleine Schriftenreihe der Wartburg-Stiftung 7, Eisenach 1994

Wartburg-Stiftung Eisenach (Eigenverlag): Carl Alexander. So wäre ich angekommen, wieder, wo ich ausging, auf der Wartburg. Zum 100. Todestag des Großherzogs von Sachsen-Weimar-Eisenach, Begleitschrift zur Ausstellung 2001

Matthias Werner (Hrg.): Heinrich Raspe. Landgraf von Thüringen und römischer König (1227–1247), Frankfurt am Main, Berlin, Bern, Bruxelles, New York, Oxford, Wien 2003

Bildnachweis

Universitätsbibliothek Heidelberg: S. 13, 19
Rainer Salzmann: S. 21, 39, 40 (2.)
Fotoarchiv der Wartburg-Stiftung: S. 35, 36, 37, 38
White house press: S. 40 (1.)
Alle anderen Aufnahmen: Ulrich Kneise, Eisenach